MALEN FÜR VERKANNTE KÜNSTLER

SPASS MIT WASSERFARBEN

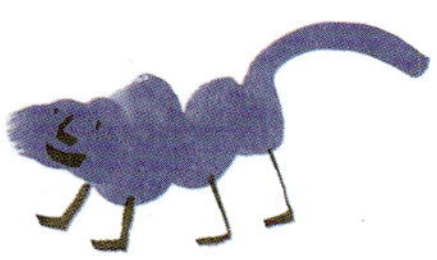

von Thacher Hurd und John Cassidy

und ____________________

(Deinen Namen hierhin schreiben)

Aus dem Englischen von

BENJAMIN SCHILLING

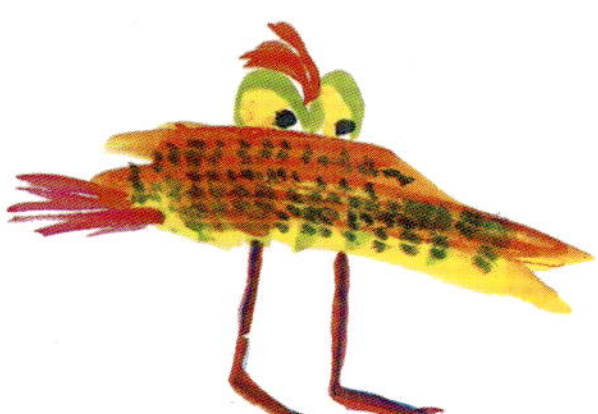

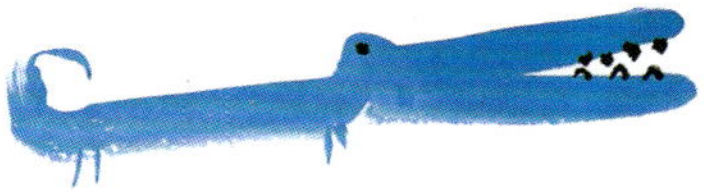

KUNSTMANN

Dem Andenken an MaryEllen Podgorski gewidmet,
der schönen Seele und außergewöhnlichen Gestalterin.

Über die Autoren

THACHER HURD geb. 1949, ist Autor und Illustrator von mehr als 25 erfolgreichen Kinderbüchern. Für seine Arbeit wurde er mit zahlreichen Preisen ausgezeichnet. Hurd lebt in Berkeley und in Vermont.

JOHN CASSIDY geb. 1950, ist einer der Gründer des Kinderbuchverlags Klutz Press. Er hat über 200 Kinderbücher verfasst. Cassidy lebt in Palo Alto.

Die Originalausgabe erschien unter dem Titel *Watercolor for the Artistically Undiscovered* bei Klutz Press, Palo Alto 1992. Die überarbeitete Neuauflage erschien unter dem Titel *Paint this Book! Watercolor for the Artistically Undiscovered* bei The Experiment, New York 2017.
Cover und Lettering: Andreas Posselt, buero8, Wien
Druck und Bindung: C & C Offset Printing Co., Ltd, China
ISBN 978-3-95614-237-6

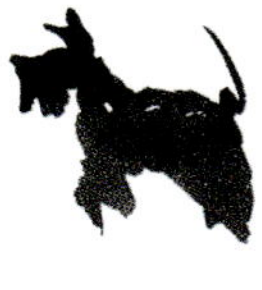

INHALT

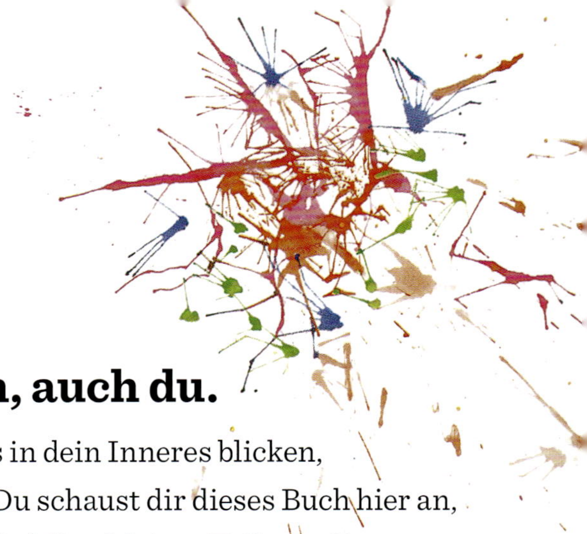

EINLEITUNG

Warum jeder malen kann, auch du.

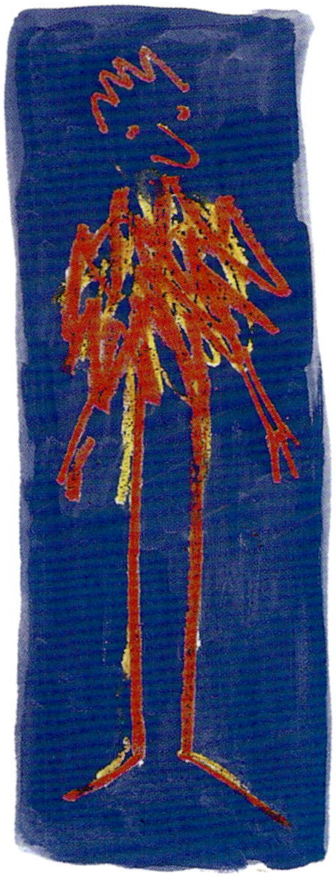

Entspann dich einen Moment und lass uns in dein Inneres blicken, um deine geheimsten Gedanken zu lesen. Du schaust dir dieses Buch hier an, liest diese Zeilen, weil irgendwo tief drin ein klitzekleiner Teil von dir gern lernen würde, wie man zeichnet und malt. Gleichzeitig bist du aber auch verunsichert und frustriert. Warum ist das so? Weil dein künstlerisches Talent in Vergessenheit geraten ist. Das letzte Mal wurde es bei einer Blume aus Fingerfarben gesichtet, die deine Mutter an den Kühlschrank geklebt hat. Seit damals hat das Genie, das in dir steckt, tief und fest geschlafen, ja vielleicht hat es sogar im Koma gelegen. Auf jeden Fall war es irgendwo in deinem Innern vergraben, und seit Jahren hast du nichts mehr von ihm gehört.

Kunst ist ein Ausdruck der Persönlichkeit. Du verfügst über DEIN ganz eigenes Talent, an das niemand sonst auch nur annähernd herankommt. Das schafft einfach niemand, denn es ist biologisch unmöglich. Da Vinci hat auf seine Art mit Farben gespritzt, und du spritzt auf deine Art mit Farben. Wenn du die *Mona Lisa* betrachtest, dann kann dir das eine Menge wundervoller Dinge geben, doch es ist kein Ausdruck deiner Persönlichkeit.

Der einzige Fehler, den du in diesem Buch hier machen kannst, ist, zu selbstkritisch zu sein und dir damit im Weg zu stehen – oder dich wie verrückt anzustrengen und dabei den Spaß zu verlieren. Dein Talent besteht darin, du selbst zu sein und diesem ganzen wundervollen »Du-Sein« einen Ausdruck zu verleihen. Darin bist du nämlich absolute Weltspitze.

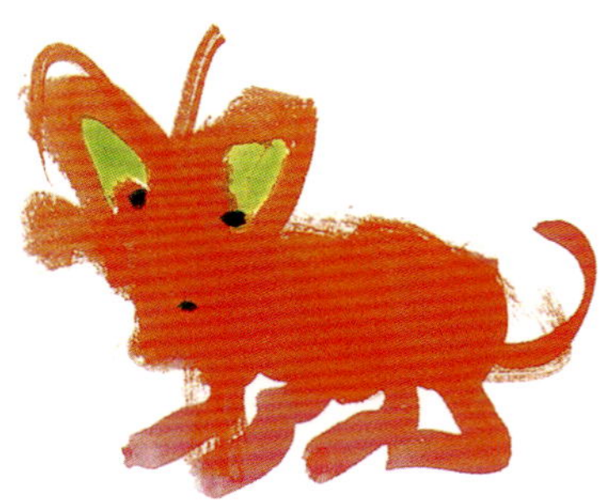

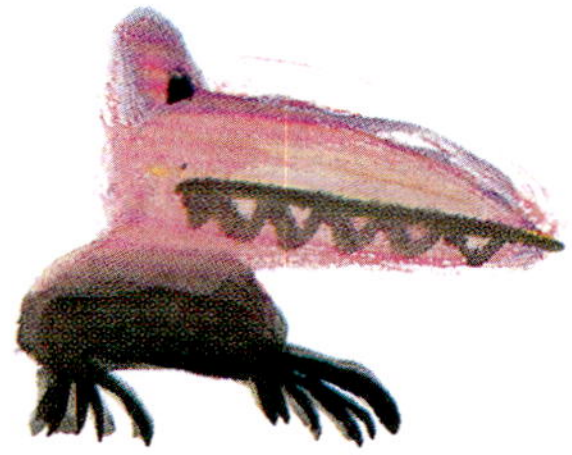

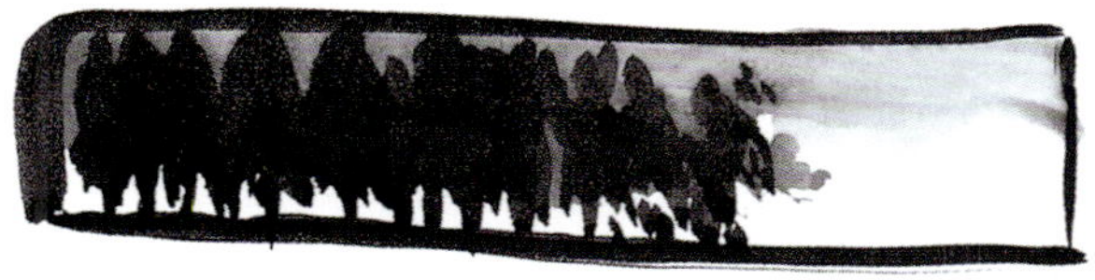

Wie dieses Buch funktioniert

Das Buch ist in mehrere Kategorien unterteilt. Hier und in der ersten Buchhälfte klären wir erst einmal die Grundlagen (Welche Seite des Pinsels wird in die Farbe getaucht?). Die eher technischen Fragen werden im zweiten Teil des Buchs behandelt (Licht, Schatten, Perspektive). Diese technischen Aspekte stehen zwar am Anfang des Prozesses, in dem man lernt, »gegenständlich« zu arbeiten (also etwas *ganz genau* so zu zeichnen, wie es in Wirklichkeit aussieht), doch mit dieser sogenannten gegenständlichen Kunst werden wir uns hier trotzdem nicht weiter beschäftigen. Das ganze Thema wird schon an vielen anderen Stellen gut genug erklärt, in Büchern, die weiter gehen als dieses hier.

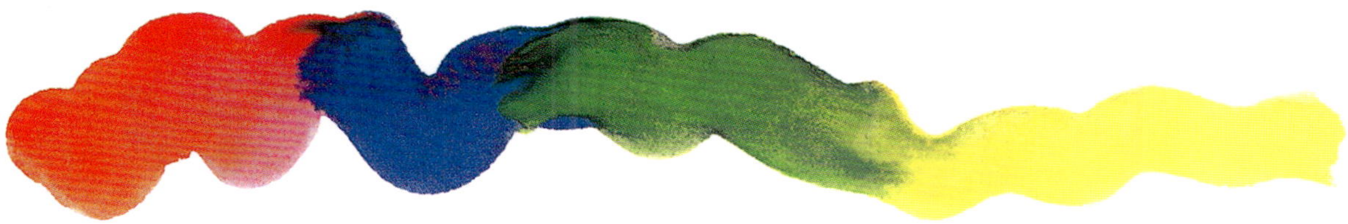

DIE FARBEN. Du benötigst für dieses Buch einen Kasten mit guten Wasserfarben, auch Deckfarben genannt. Es lohnt sich, ein Markenprodukt zu kaufen. Anders als Aquarellfarben sind Deckfarben kräftig, leuchtend und gut deckend. Für den Anfang reicht es, wenn du dich – wie wir in diesem Buch – auf eine Palette von sechs Farben beschränkst: Gelb, Rot (Zinnoberrot), Pink (Magentarot), Blau (Kobaltblau), Grün (Gelbgrün) und Schwarz. Auch wenn du Weiß beim Malen sehr häufig einsetzen wirst, brauchst du kein Deckweiß. Weiß entsteht, indem du das Papier an diesen Stellen einfach mit keiner anderen Farbe bemalst.

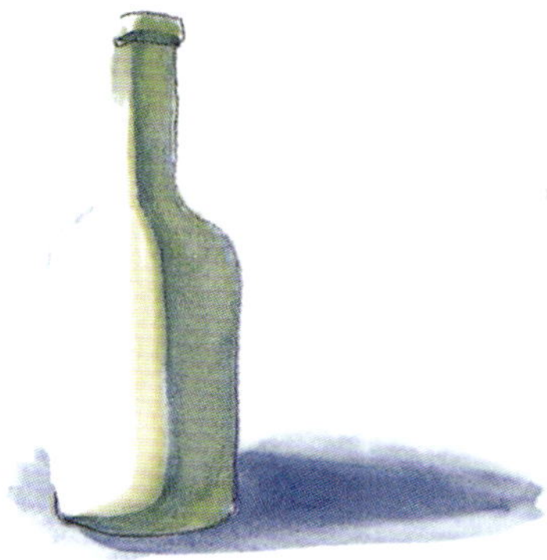

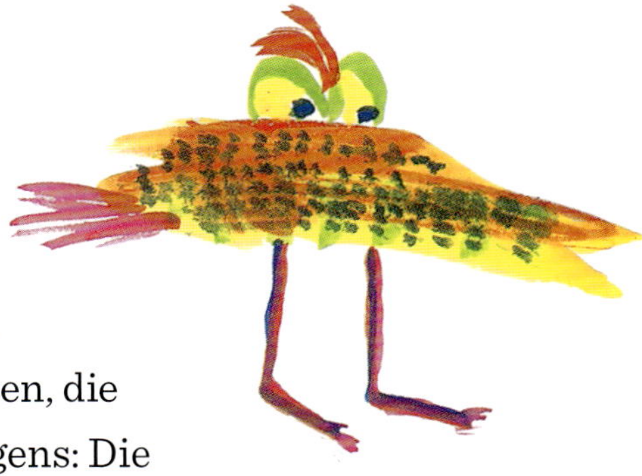

Alle Wasserfarben können auf Kleidungsstücken Flecken hinterlassen, normalerweise kann man sie aber wieder auswaschen. Sei aber besser vorsichtig und trag einen Malerkittel oder andere Klamotten, die ein bisschen Farbe vertragen können. Übrigens: Die Farben sehen zwar appetitlich aus und sind ungiftig, iss sie bitte trotzdem nicht auf!

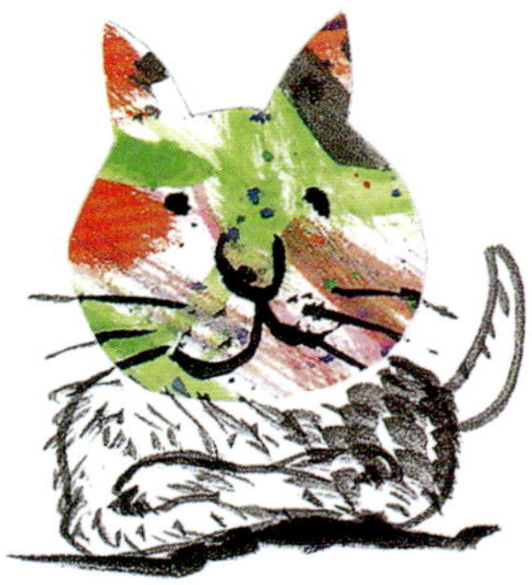

DER PINSEL. Die Pinselgrößen reichen von sehr winzig (Größe 000) bis sehr groß. Wir empfehlen einen Pinsel mittlerer Stärke, am besten Größe 6, aus Naturhaaren oder hochwertiger Synthetikfaser.

Entferne die Schutzhülle aus Plastik, bevor du deinen Pinsel verwendest, und tauche ihn ein paar Mal in warmes Wasser, um die Borsten zu lockern.

Falls du dir noch einen weiteren Pinsel besorgen willst, würden wir dir einen etwas größeren empfehlen (Größe 8 oder 10), zum Beispiel von Da Vinci oder Winsor & Newton. Pinsel aus Zobel – das Haar einer asiatischen Marderart – sind die besten, und obwohl sie teurer sind, sind sie es auf jeden Fall wert. Kauf dir aber nie ganz billige Pinsel, die sind immer schrecklich.

Außerdem brauchst du einen normalen Bleistift der Härte 2B zum Skizzieren, also für den Fall, dass du für ein Bild zuerst ein paar Umrisse zeichnen willst.

DAS AQUARELLPAPIER. Der Großteil dieses Buches wurde auf Aquarellpapier gedruckt (das sind die raueren Seiten), schließlich handelt es sich um ein Arbeitsbuch.

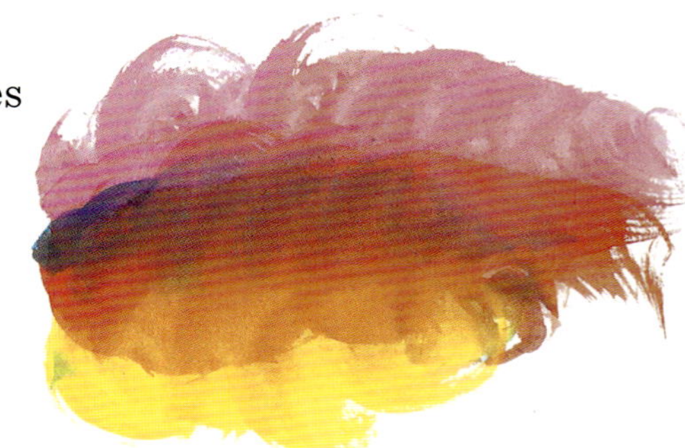

Aquarellpapier ist eine spezielle Papierart, die jede Menge Wasser aufsaugen kann. Wenn du alle Aquarellpapierseiten im Buch bemalt hast, wirst du Nachschub brauchen. Normales Papier taugt dafür nicht. Einfaches Aquarellpapier gibt es in manchen Supermärkten, in Fachgeschäften für Bürobedarf und natürlich in Läden für Künstlerbedarf. (Kauf nicht das teuerste Papier, es lohnt sich nicht.)

Warum wir gern klein arbeiten

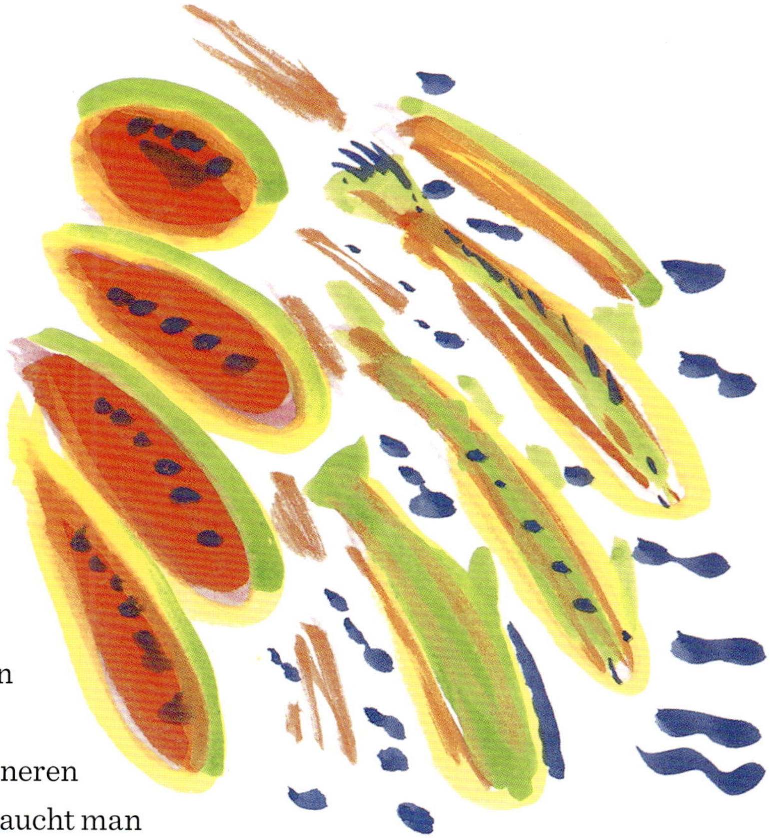

Die Seiten dieses Buches sind ziemlich groß, aber du wirst mehr Erfolg haben, wenn du nicht versuchst, einzelne Seiten nicht mit einem einzigen, großen Bild zu füllen. Unser Rat an dich ist, in diesem Buch ziemlich klein zu arbeiten, oder höchstens mittelgroß. So finden auf einer Buchseite am Ende etwa acht oder neun Einzelbilder Platz.

Es gibt dafür zwei, na ja, eigentlich drei Gründe. Erstens hat dein 6er-Pinsel genau die richtige Größe, um in diesem Maßstab zu arbeiten. Zweitens wirst du mit mehr Bildern pro Seite auch mehr Erfahrungen sammeln. Und drittens – und das ist der wichtigste Grund – gehen rasche, spontane Pinselstriche im kleineren Maßstab leichter von der Hand. Für größere Bilder braucht man breitere Pinsel und (meistens) auch mehr Planung. Du sollst im Moment aber gar nicht planen, sondern einfach nur malen.

EIN PAAR WIRKLICH EINFACHE TECHNIKEN FÜR WASSERFARBEN

Hol dir ein Gefäß mit klarem Wasser, um deinen Pinsel vor dem Wechseln der Farbe auszuwaschen. Leg dann ein paar Küchenpapiere neben das Buch, mit denen du deinen Pinsel abtupfen kannst.

Nimm den Pinsel in die Hand. Tauche ihn ins Wasser ein und rühre damit in einer der Farben herum. Und jetzt: Hol tief Luft und lass ihn auf das Aquarellpapier auf der nächsten Seite sausen. Du bist ein Künstler.

DEN PINSEL KENNENLERNEN. Geh mit deinem Pinsel auf Probefahrt. Male eine lange Linie und finde heraus, wie lang ein Pinsel voller Farbe hält. Dann nimm ihn vom Papier und wasche ihn im klaren Wasser aus. Falls du das vergessen solltest und mit dem Pinsel in einer anderen Farbe rührst, dann wisch die verhunzte Farbe einfach mit etwas Küchenpapier wieder sauber.

Such dir eine andere Farbe aus und male noch ein paar Linien. Probier aus, was passiert, wenn du eine ganze Menge oder nur ein kleines bisschen Wasser benutzt. Male dicke und dünne Linien, Schlangenlinien und Farbkleckse. Wenn du die folgenden drei Seiten schließlich voller Farbkleckse und -flecken, Linien und Schlangenlinien gemalt hast und diese trocknen lässt, dann schau noch einmal genauer hin. Du wirst etwas ganz Wunderbares entdecken.

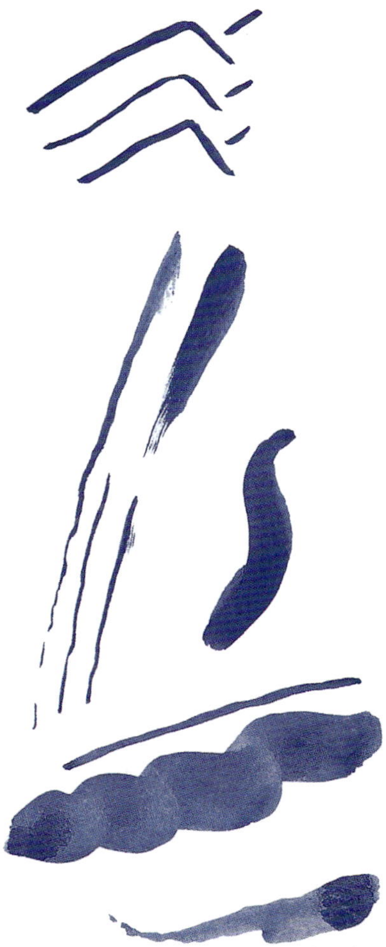

All diese unterschiedlich dicken Linien kannst du mit einem Pinsel der Stärke 6 malen, du musst dazu nur den Druck verändern.

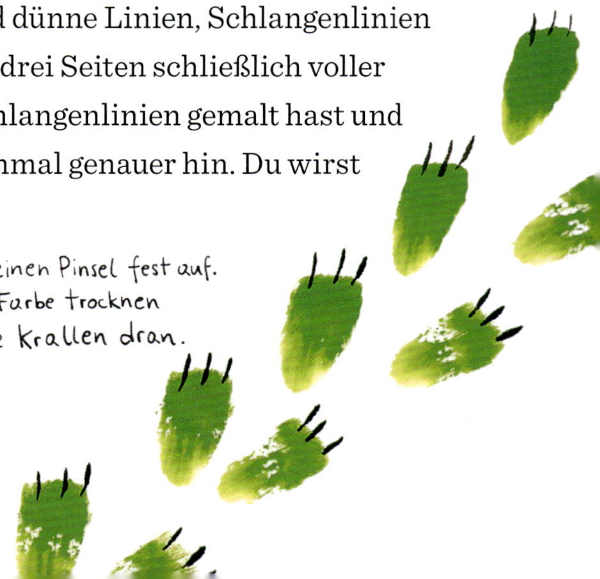

Drücke deinen Pinsel fest auf. Lass die Farbe trocknen und male Krallen dran.

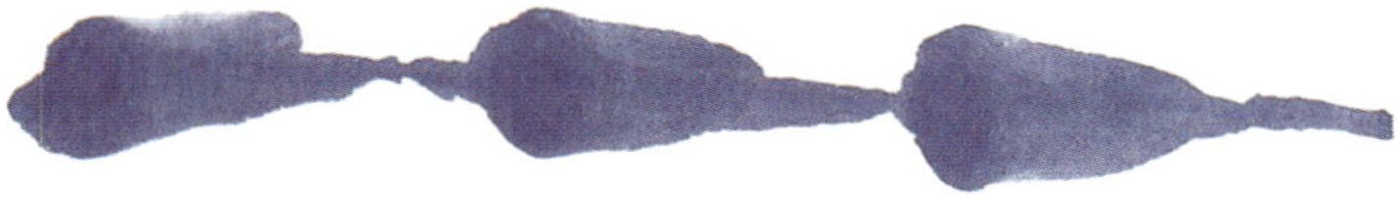

Fest aufdrücken, anheben und wieder von vorn.
So geht eine Klecks-Linie-Klecks-Linie-Klecks-Linie.

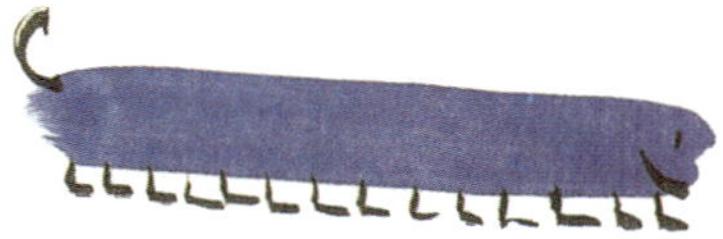

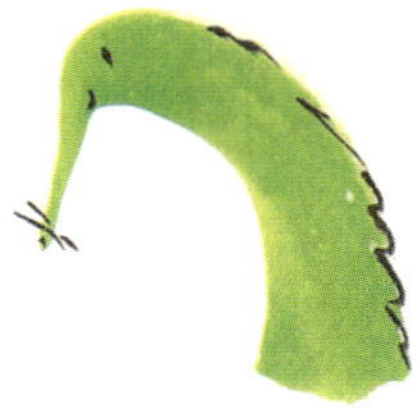

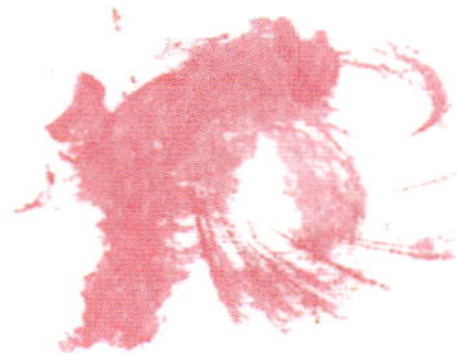

Ein Wirbel.
Den Pinsel so weit wie möglich nach unten drücken und drehen.

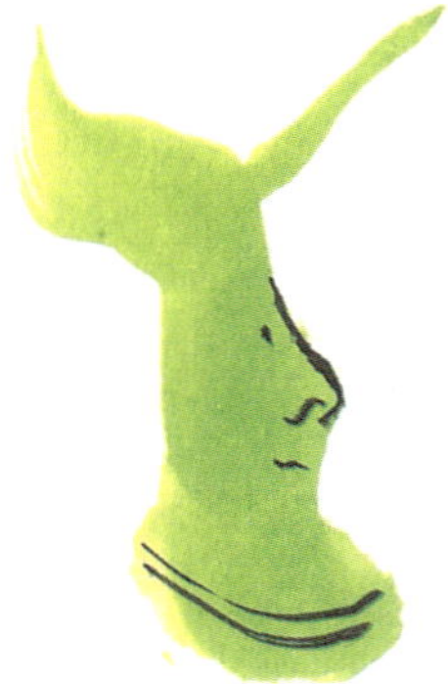

ACHTUNG: Das hier ist eine Pinsel-Kennenlern-Seite! Sie ist zum Spielen und Lernen da. Versuche nicht, etwas genau nachzumachen. Deine eigenen Sachen werden viel schöner.

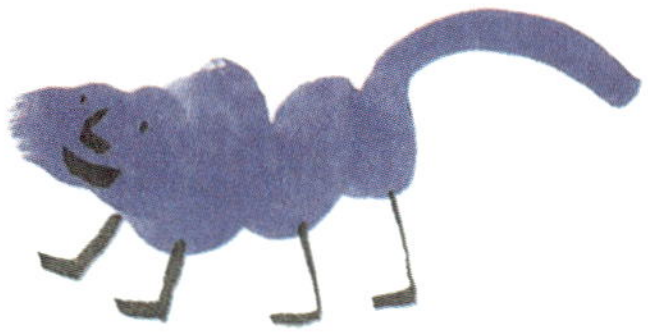

Noch eine Seite, um mit dem Pinsel zu spielen

Fülle sie mit farbigen Kringeln, Flecken und anderen Dingen. Einfach malen, nicht darüber nachdenken.

Du wirst sehen, wie schön ein rascher, spontaner Pinselstrich aussehen kann.

Wesen, die aus gedankenverlorenen Kringeln und Flecken entstanden sind. Ich habe sie erst entdeckt, als sie schon fertig waren.

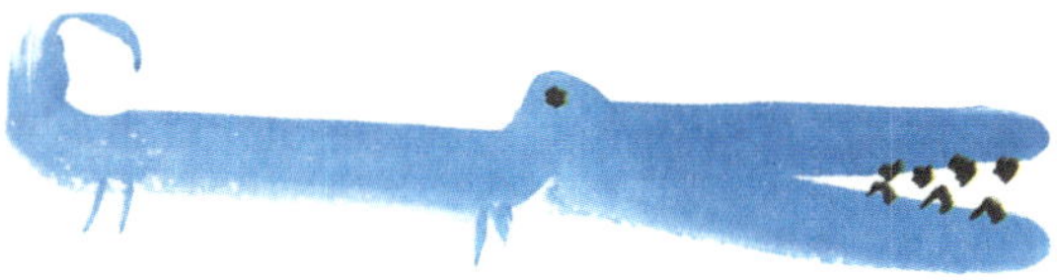

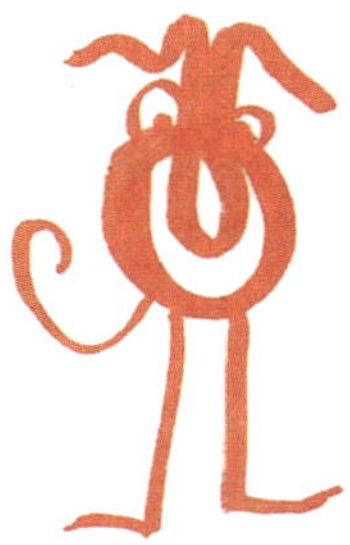

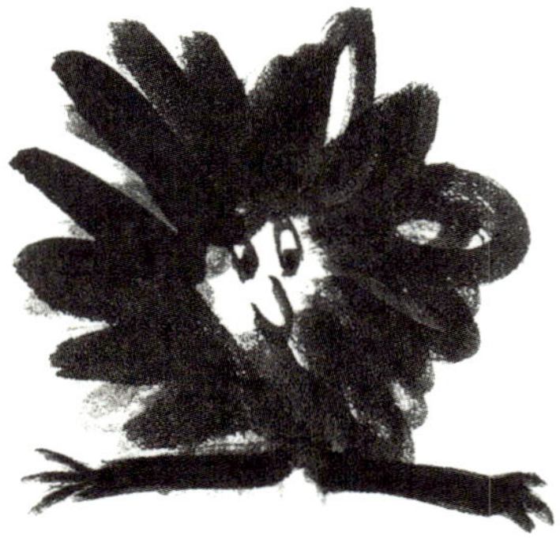

Und noch mehr Platz für gedankenverlorene Pinselspiele

Versuch es hier mit mehreren Farben und wasch deinen Pinsel aus, bevor du eine neue nimmst.

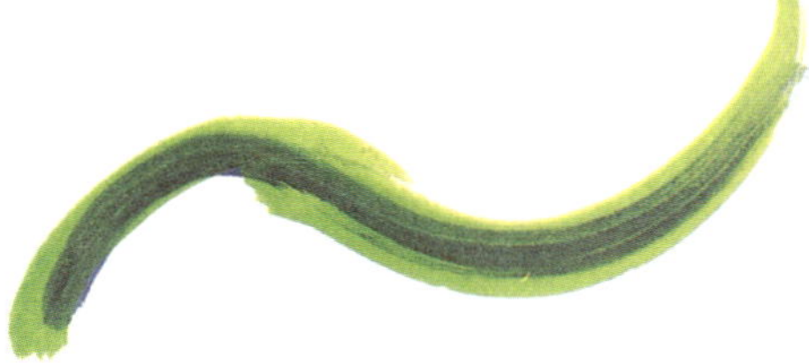

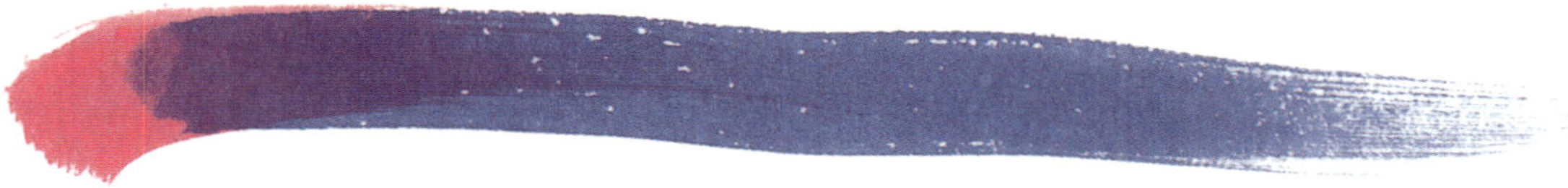

Bei diesen zwei Pinselstrichen war Blau schon trocken, bevor Pink aufgetragen wurde.

Rasche, gedankenverlorene Pinselstriche = leuchtende Farben.
Zu vorsichtige, langsame Pinselstriche = trübe Farben.

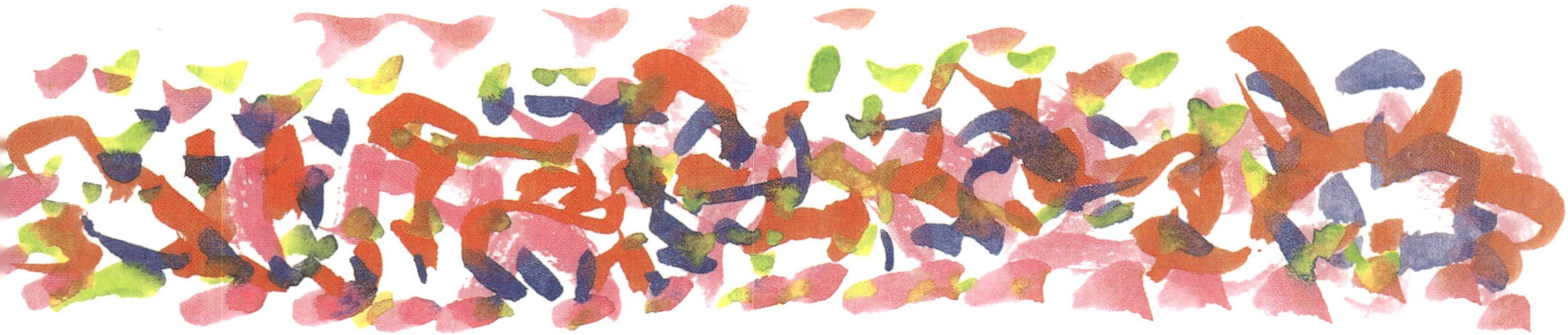

Eine allerletzte Seite voller Schlangenlinien, Kleckse und Flecken

Male ganz viele Dinge dieser Art, bis die Seite so richtig voll ist. Aber bevor du versuchst, kleine Kreaturen zu erschaffen, lies zuerst die gegenüberliegende Seite.

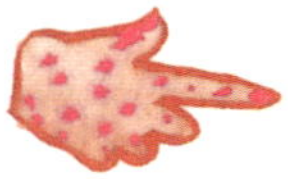

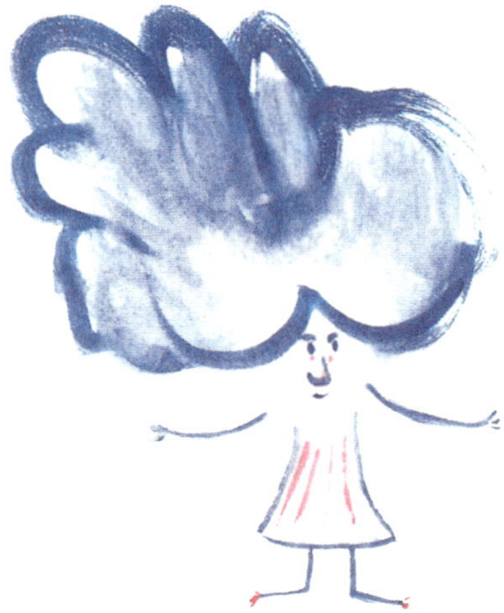

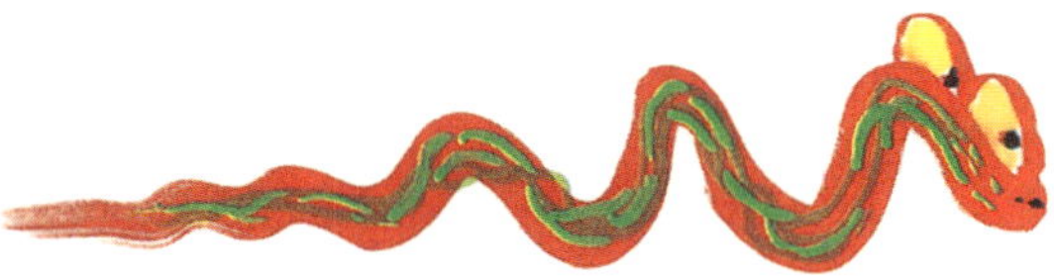

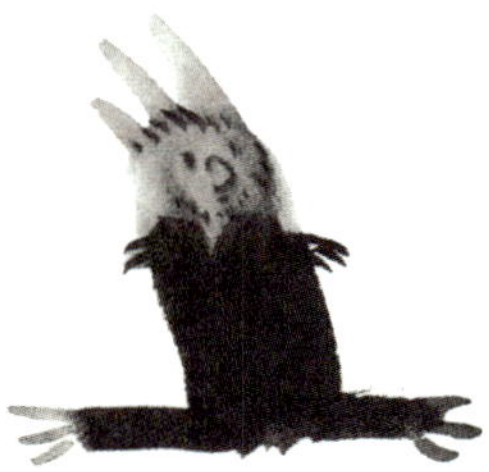

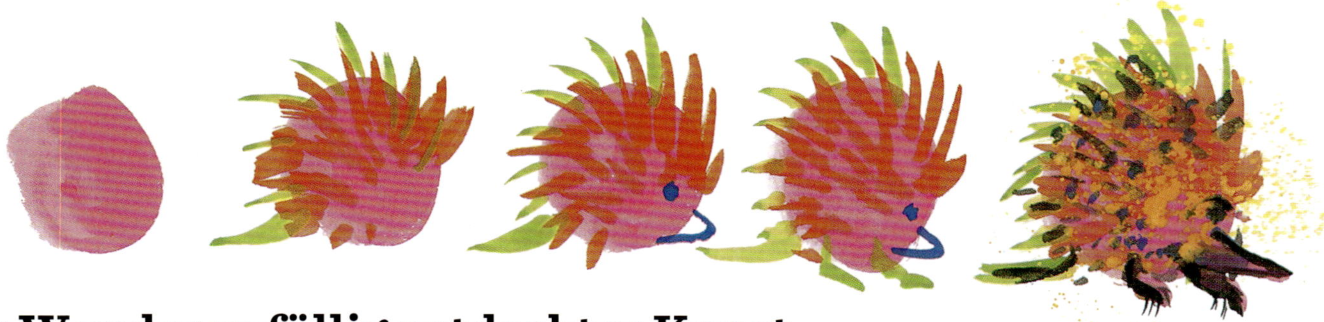

Das Wunder zufällig entdeckter Kunst

Gönn dir eine kurze Malpause und schau dir dein Werk genauer an. Gut möglich, dass sich hinter einer deiner Schlangenlinien ein Kritzelwesen verbirgt. Und vielleicht musst du nichts weiter tun, als es noch ein bisschen mehr in die Richtung zu schubsen, die es sowieso schon eingeschlagen hat. Male ihm also ein paar Beine, Augen, einen Schnurrbart dran – oder was immer dir einfällt.

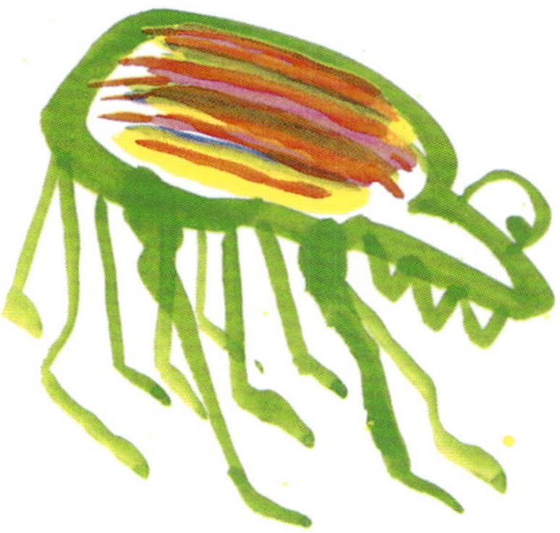

Schau dir danach deine anderen Linien, Kleckse und Flecken an. Entdeckst du vielleicht eine Blume? Dann male ihr einen Stiel. Falls du ein paar Fußspuren sichtest, füge Krallen hinzu. Nur wenige geplante Kunstwerke werden je etwas so Lebendiges hervorbringen wie diese glücklichen (Halb-) Zufälle.

Aber übertreibe es damit nicht! Manche Farbflecken geben ganz eindeutig eine bestimmte Richtung vor, der man dann auch nachgehen sollte. Doch viele andere wollen nichts als ein Fleck sein, und diesen Wunsch sollte man akzeptieren und sie in ihrem Flecksein in Ruhe lassen. Und damit kommen wir direkt zu einem unserer ewigen Mantren, das wir an dieser Stelle anbringen wollen.

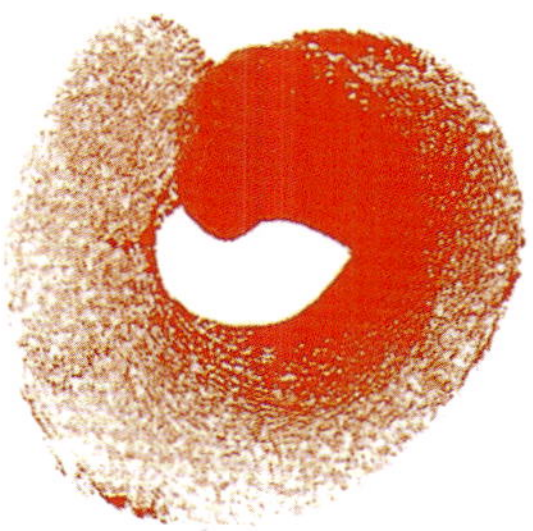

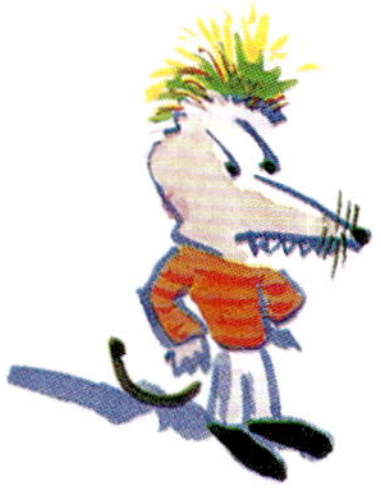

Die »Goldene Regel«, um Wasserfarben nicht kaputt zu malen

Wasserfarben sind etwas Zartes. Durch zu viel Korrigieren, Überarbeiten und Herumdoktern verwandeln sie sich in einen trüben Brei. Die Regel lautet deshalb: **Du bist besser als du denkst!** Vertrau auf deine ersten Pinselstriche, denn die sind voller Leben. Wenn du zu lange an deinem Bild herumfummelst, dann machst du es kaputt. Es geht darum zu sehen, wann etwas gut ist, und es dann rechtzeitig in Ruhe zu lassen.

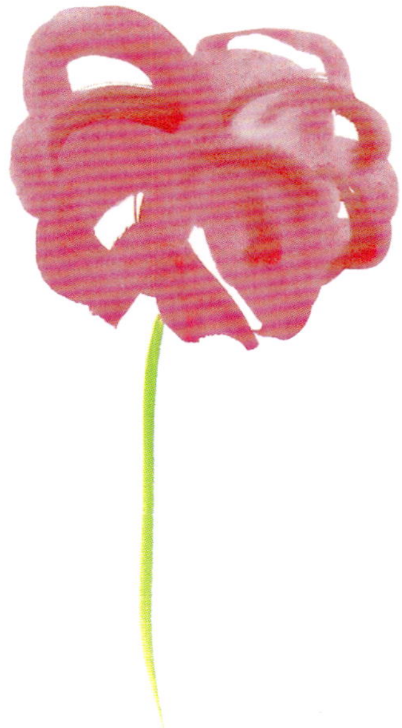

Und wenn ich einen Fehler mache?

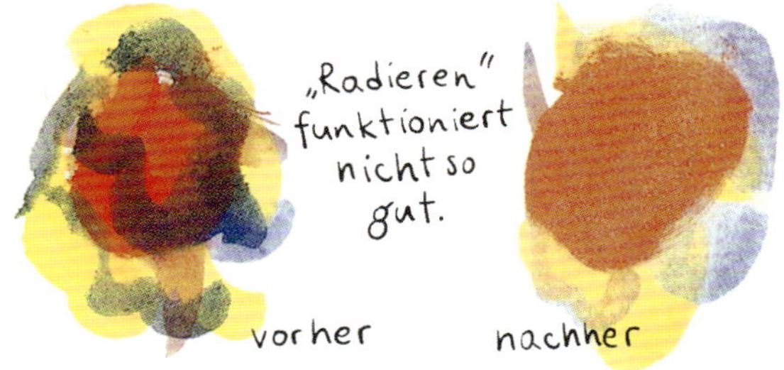

Kannst du gar nicht.

Nein, so war das nicht gemeint. Du kannst schon *einen* Fehler machen. Wenn du mit dir selbst hart ins Gericht gehst und beschließt, dass das, was du gemacht hast, ein Fehler ist – *dann* ist das ein Fehler! Mit einem sauberen, nassen Pinsel oder einem feuchten Küchenpapier kann man Wasserfarben wieder löschen (na ja, mehr oder weniger), doch dein Papier wird nie wieder ganz weiß werden. Und außerdem musst du ja, um etwas zu löschen, erst mal einen Fehler machen. Und das kannst du einfach nicht (siehe oben).

Schneide etwas aus …

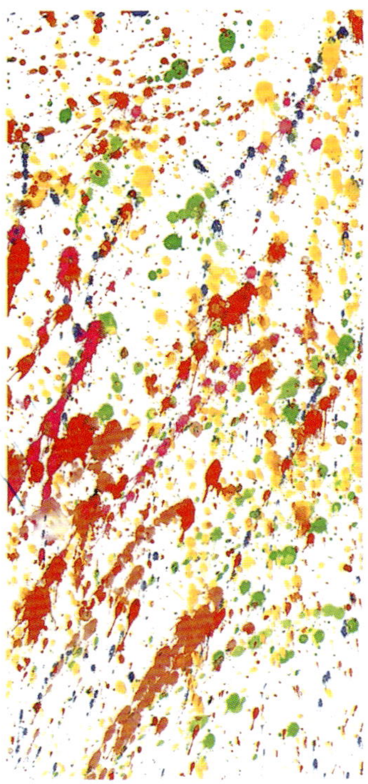

Die Spritz-und-Schnippel-Seite

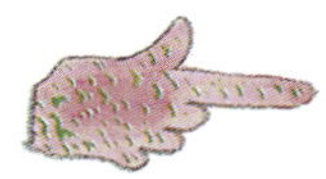

Das Blatt hier rechts kannst du auf beiden Seiten vollspritzen, indem du Farbtropfen aus deinem Pinsel schleuderst, oder wenn du eine kleine Farbpfütze machst und sie dann mit einem Strohhalm übers Papier jagst. Lass viel weiße Fläche und HÖR RECHTZEITIG AUF! Wenn du mit beiden Seiten fertig bist, schnapp dir eine Schere und schneide aus dem Blatt kleine Formen heraus (einen Fisch? eine Blume? oder vielleicht eine Bratpfanne?). Du wirst sehen, wie sich dein Werk durch das Zuschneiden und Formen mit der Schere komplett verändert. Kleb die Formen auf Seite 17 und 18 ein und füge dann, falls nötig, ein paar Striche und Linien dazu, um die Bilder zu vollenden.

… zum Beispiel einen Blitz …

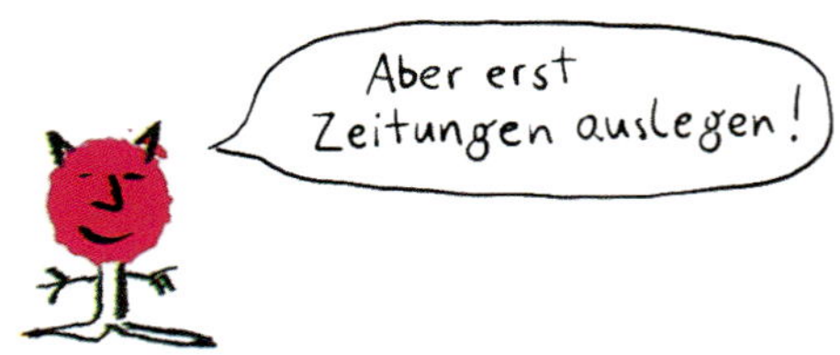

Deine Seite zum Herumspritzen

Fülle diese Seite und ihre Rückseite mit Spritzern. Dann hol dir eine Schere und schneide alle möglichen Formen aus – du kannst dir auf beiden Seiten deine Lieblingsspritzer aussuchen.

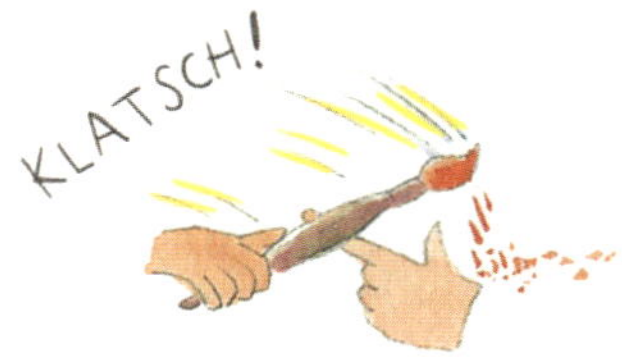

Noch mehr Platz zum Rumspritzen

Noch eine Seite, die
auf deine Schere wartet.

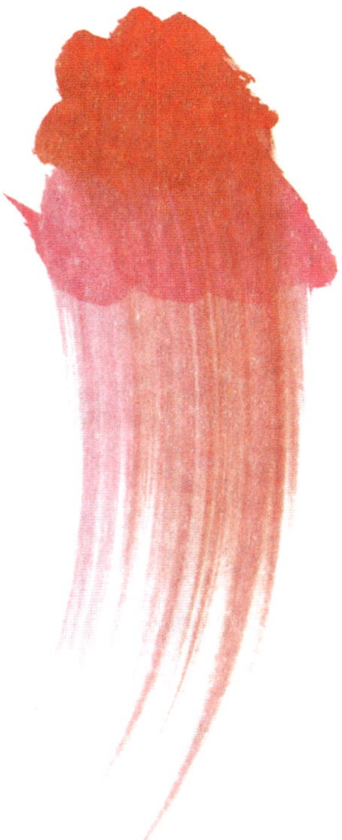

Ein Farbfleck, der mit einem Stück Küchenpapier verwischt wurde.

Farbenfroher Meteoritenschauer

Farbspritzer, die mit einem Stück Küchenpapier verwischt wurden

Deine Seite zum Aufkleben

Klebe deine ausgeschnittenen Bilderschnipsel auf diese Seite. Falls nötig (und wirklich *nur dann*), füge die letzten Feinheiten mit deinem Pinsel hinzu.

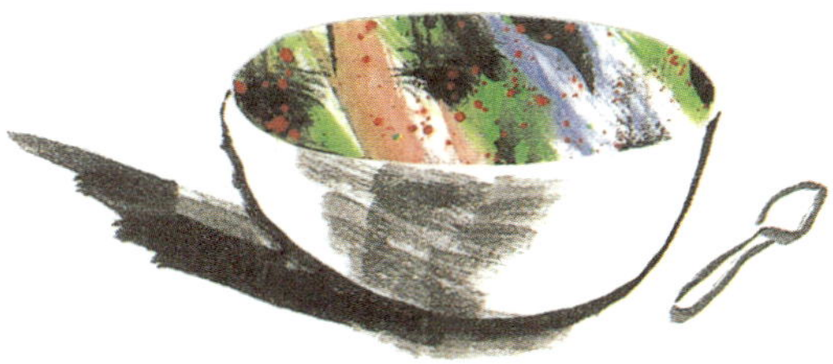

Da haben wir den Salat!

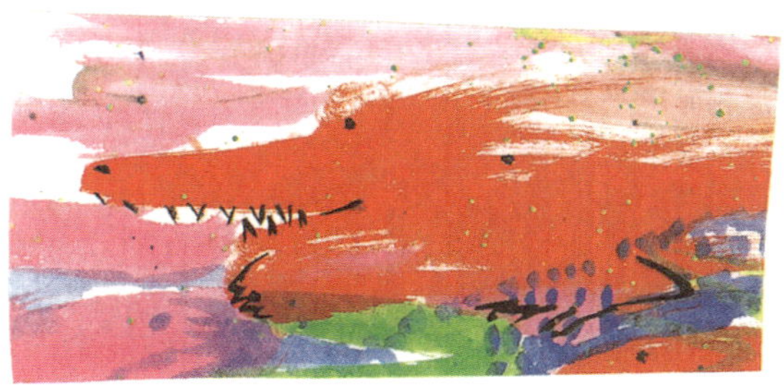

Rasendes Reptil

Mehr Platz zum Kleben

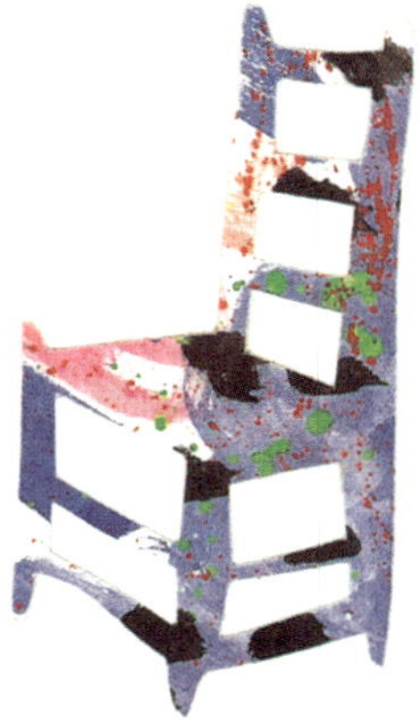

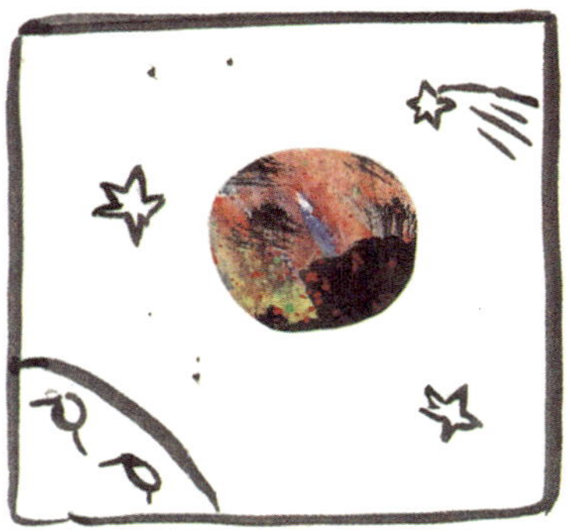

Eine Seite für Spritz-Schablonen

Schneide aus einem großen Stück Schmierpapier ein paar Formen aus (Fragezeichen, Schuh, Pfeil, Kreis, Stern usw.) und stelle so eine Schablone her. Fixiere sie mit Klebeband auf dieser Seite und spritze drauflos. Wenn die Farbe ganz trocken ist, nimm die Schablone wieder ab.

Schneid eine Briefmarkenschablone aus.
Mit Klebeband befestigen und
dann tüchtig mit Farbe spritzen.
Schablone entfernen,
wenn alles trocken ist.

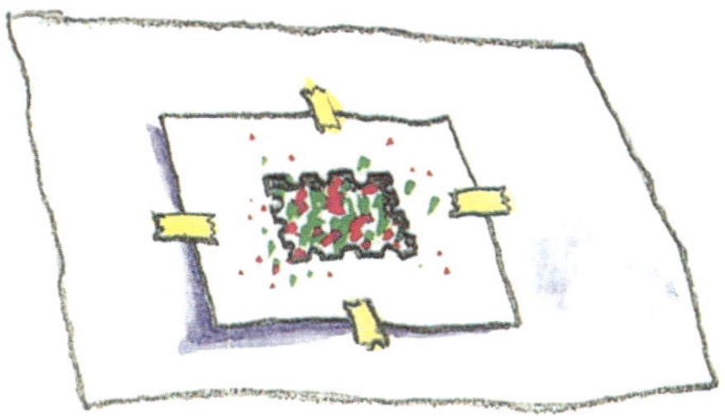

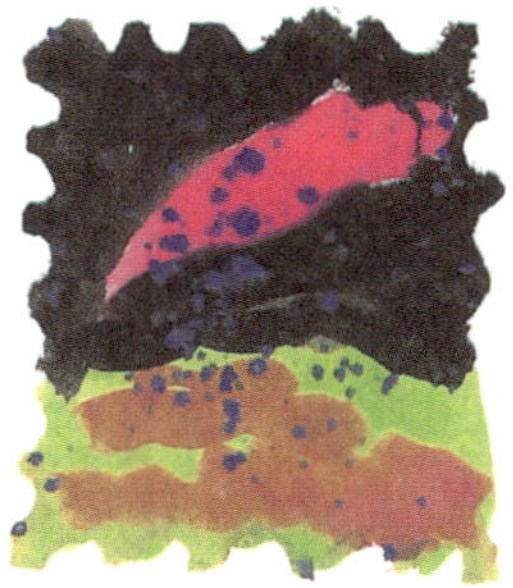

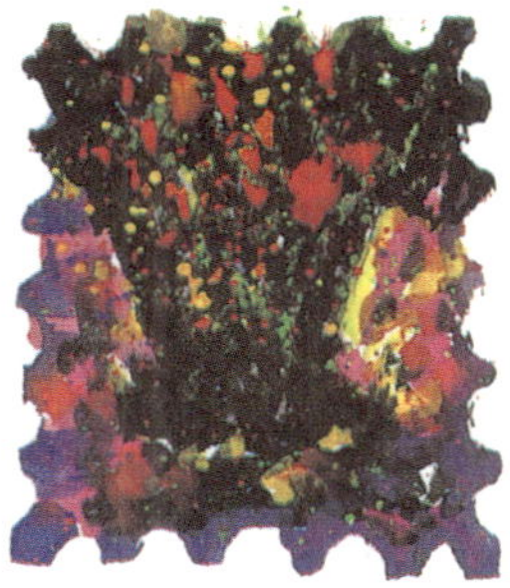

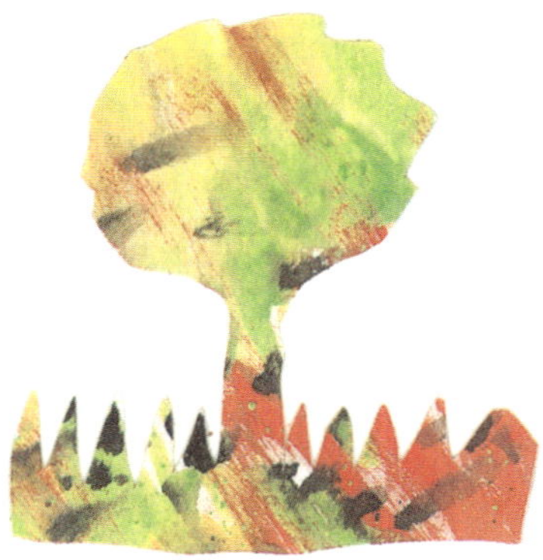

Deine Seite für Farbexperimente

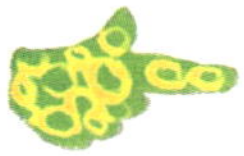

Lies zuerst die gegenüberliegende Seite, bevor du auf dieser hier loslegst.

Hier ist Zurückhaltung fehl am Platz. Male rasch einen Farbfleck aufs Papier. Wasch deinen Pinsel aus und setze genau daneben einen anderen Farbfleck, der den ersten berührt. Schau zu, wie die Farben ineinanderfließen. Füll die ganze Seite mit solchen kleinen Farbflecken.

Probier auch Folgendes aus: Setz erst einmal einen klaren Wasserfleck aufs Papier und tupfe dann eine Farbe hinein. Wasch deinen Pinsel aus und tupfe eine andere Farbe in den Wasserfleck.

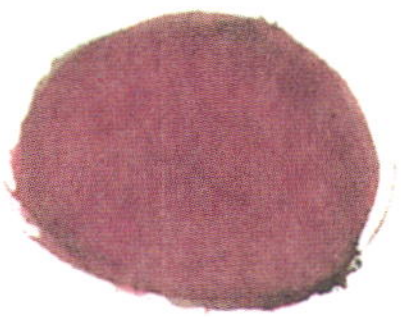

Rosa und Schwarz = Lila

Grün und Schwarz = Dunkelgrün

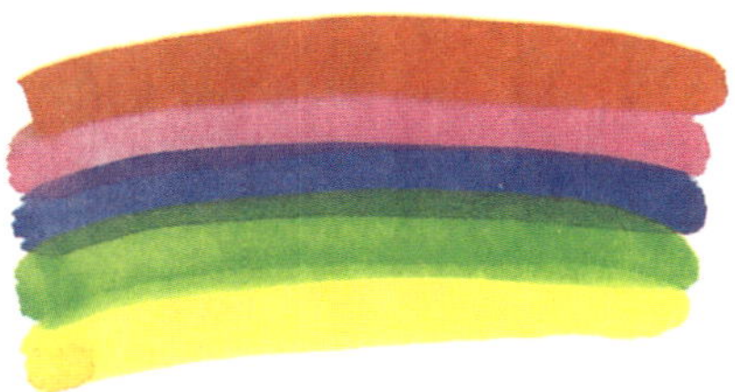

Regenbogen:
Rot, Rosa, Blau, Grün, Gelb.
Die Farben hintereinander malen.
Wenn du die einzelnen Farben nicht trocknen lässt, vermischen sie sich.

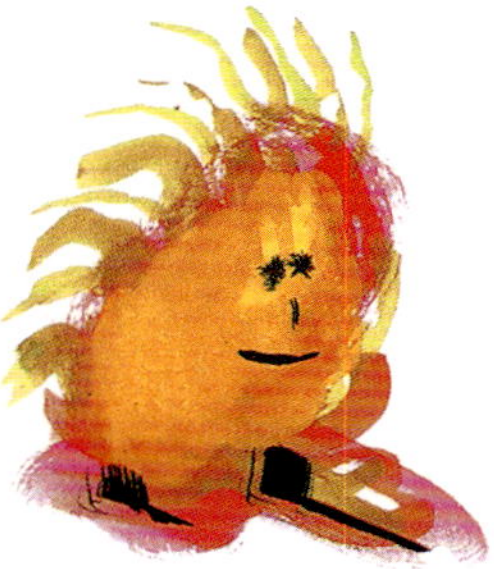

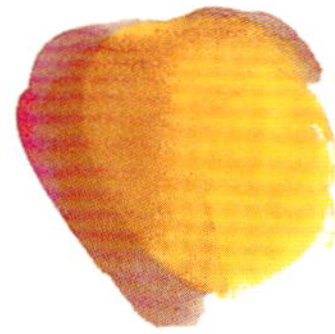

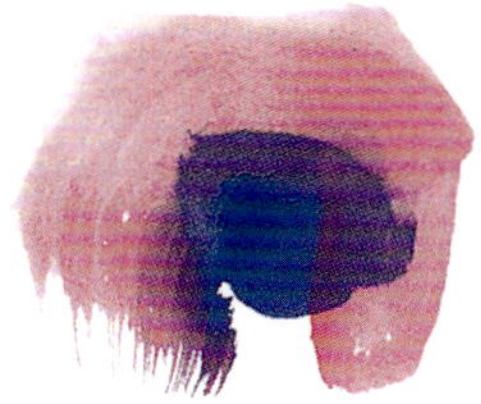

FARBEN MISCHEN

Das Zusammenstellen von Farben ist so etwas wie Kochen mit Wasserfarben, nämlich eine Frage des persönlichen Feingefühls und Geschmacks. Die paar Beispiele für Farbmischungen auf dieser Seite sind genau das: Beispiele. Die anderen 11.438.204 Kombinationsmöglichkeiten deiner sechs Farben sind hier nicht zu sehen. Sie warten darauf, von dir entdeckt zu werden.

NASS MISCHEN. Wenn man Farben nass miteinander vermischt, dann laufen sie ineinander. Das ist eine herrliche Technik und außerdem ein wunderbarer Zeitpunkt, uns an die Regel zu erinnern, rechtzeitig aufzuhören. Spiel ein bisschen mit nassen Mischungen herum, um ein Gefühl für sie zu bekommen. Wenn sich dein Papier wellt, weil so viel Wasser darauf ist, dann geht das in Ordnung. Das muss so sein.

TROCKEN MISCHEN. Wenn du nicht willst, dass die Farben ineinanderfließen, dann lass die erste Farbe trocknen, bevor du eine weitere Farbe dazugibst (oder sie auch nur berührst). Dafür braucht es ein bisschen Geduld. Du könntest also versuchen, an zwei Bildern gleichzeitig zu arbeiten. So kann eines trocknen, während du am anderen arbeitest.

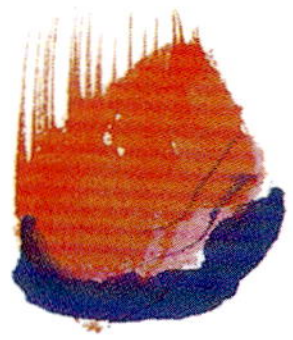

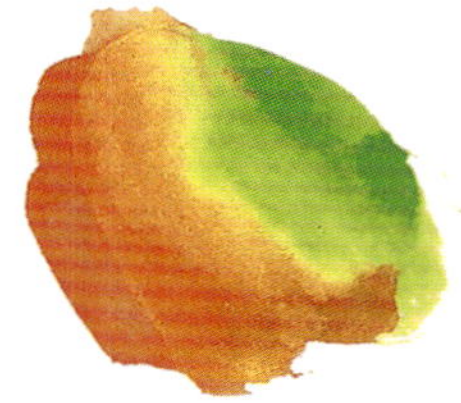

Drei nasse Farben

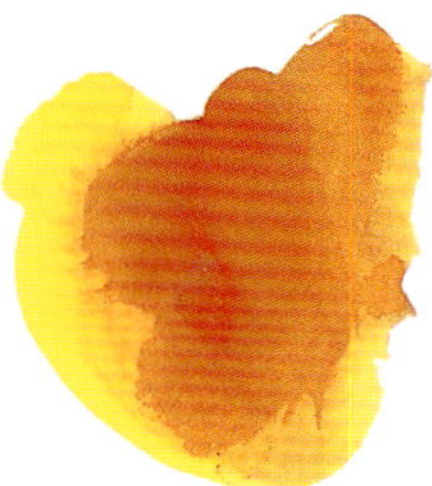

Nass auf nass, Rosa mit der Pinselspitze aufgetupft.

Nasses Blau auf nassem Rosa

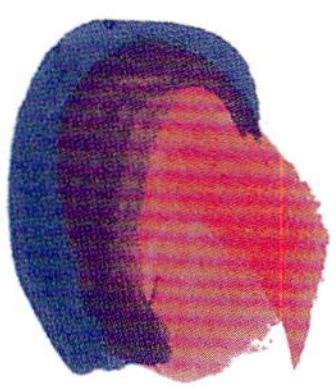

Nasses Blau auf trockenem Rosa

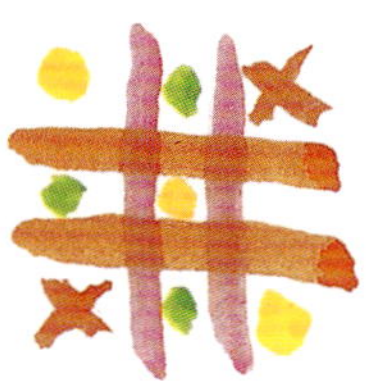

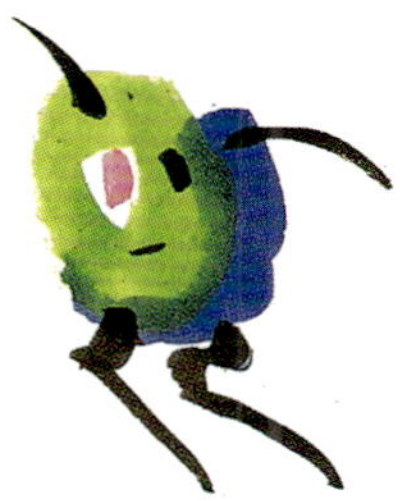

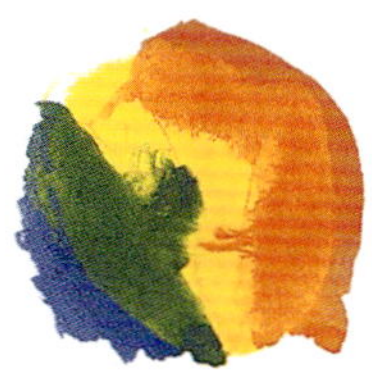

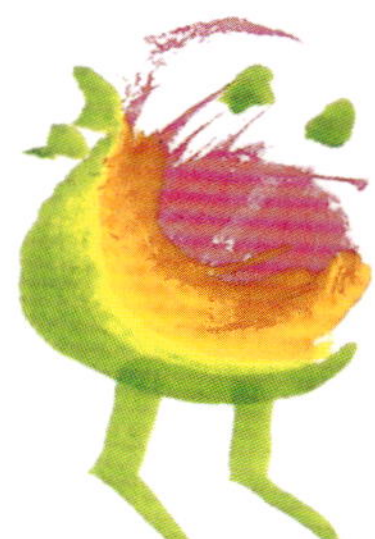

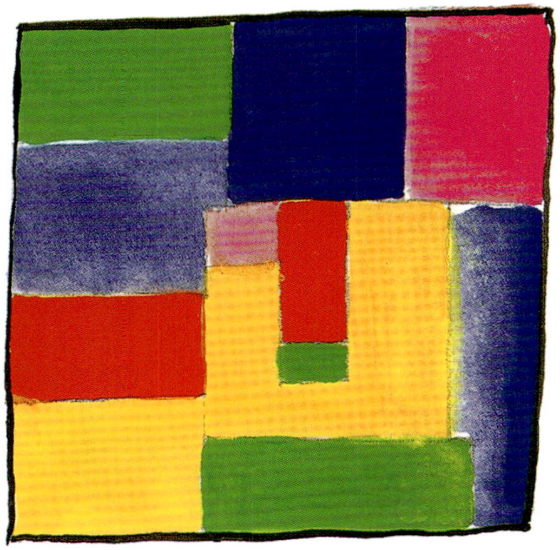

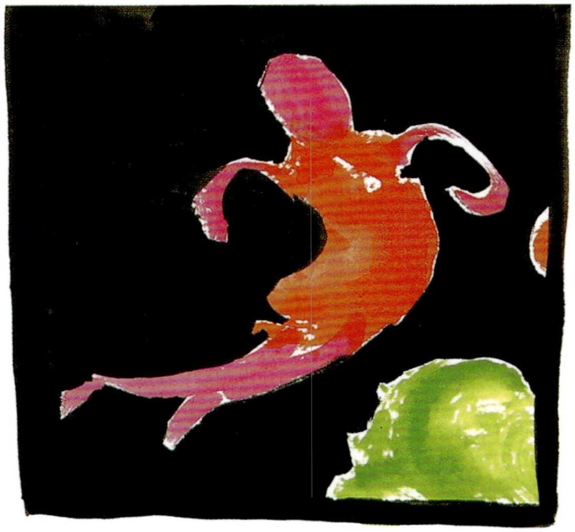

Schau dir an,
wie lebendig Schwarz
deine Farben macht.

Scheinen dich einige Farben anzuspringen?
Rücken manche von ihnen in den
Vordergrund und andere in
den Hintergrund?

Farbkombinationen

Die Kästchen auf der folgenden Seite sollen mit je zwei Farben ausgemalt werden. Lass jede Farbe zuerst trocknen, bevor du daneben weitermalst. Schau dir zum Schluss noch mal genau an, wie sich die einzelnen Farbkombinationen deiner Ansicht nach vertragen. Achte dabei auf etwas sehr Wichtiges: Farben verändern sich, je nachdem, welche Nachbarn sie haben. So kann ein und dasselbe Blau dunkler, stumpfer, heller, rötlicher oder sonst irgendwie aussehen – abhängig davon, welche Farbe daneben steht.

Warme und kalte Farben.
Schau dir diese vier Farben
hier an und entscheide selbst,
welche deiner Meinung
nach warm oder kalt
sind.

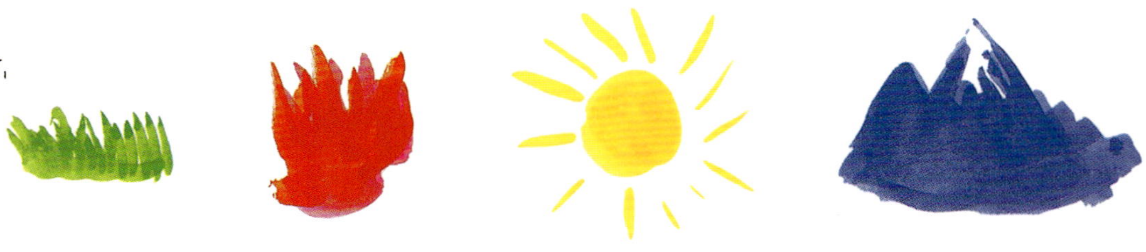

Kästchen für Farbkombinationen

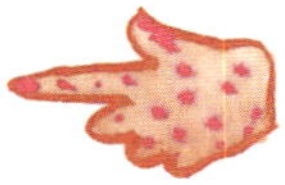

Anleitung vorher lesen

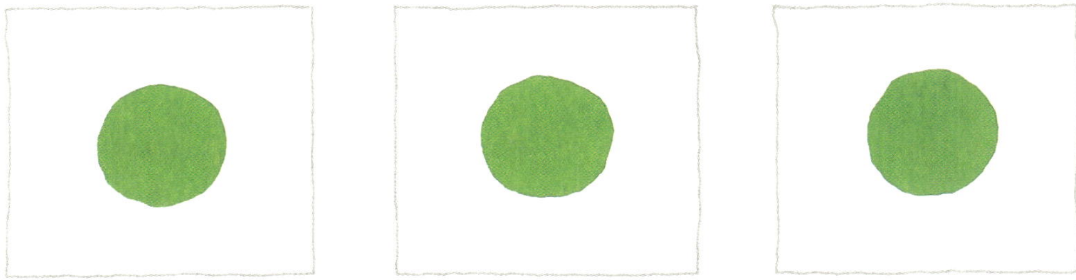

Sieht der gleiche grüne Punkt mit unterschiedlichen Hintergründen anders aus?

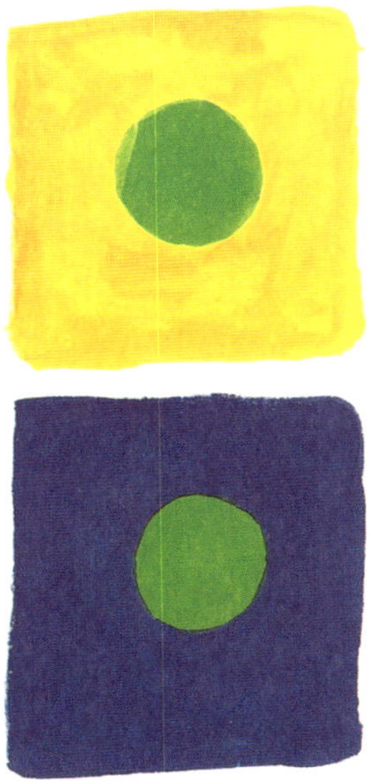

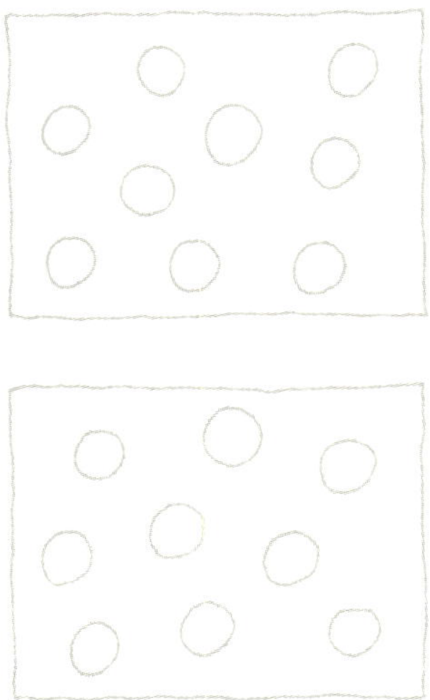

Abwechselnd mit zwei Farben ausmalen.

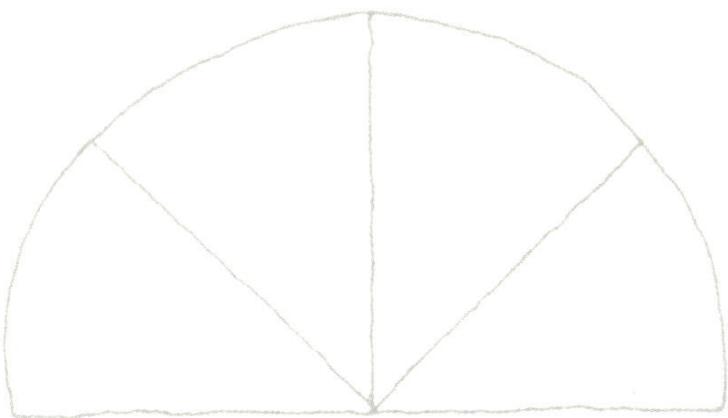

Hier noch mal …

… und noch mal.

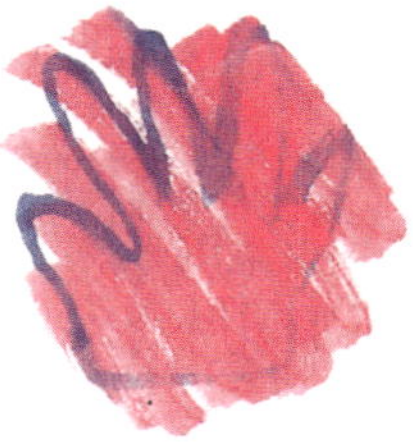

Formen (oder: Bitte nicht über die Linien rausmalen)

Auf dieser Seite kannst du Farben mischen: nass, trocken oder irgendwo dazwischen – wie es dir passt. Arbeite schnell, locker und frei.

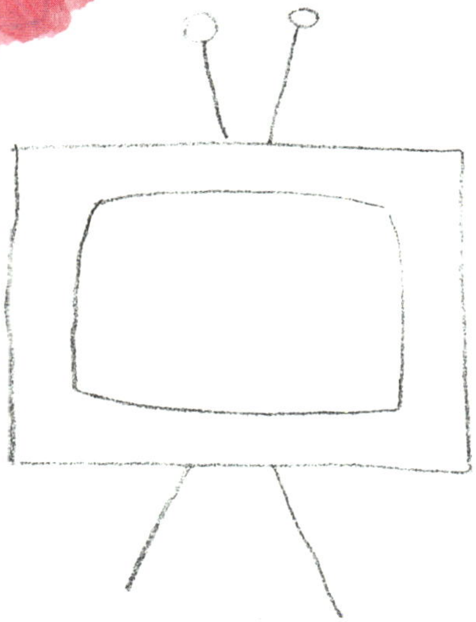

Testbild eines Farbfernsehers

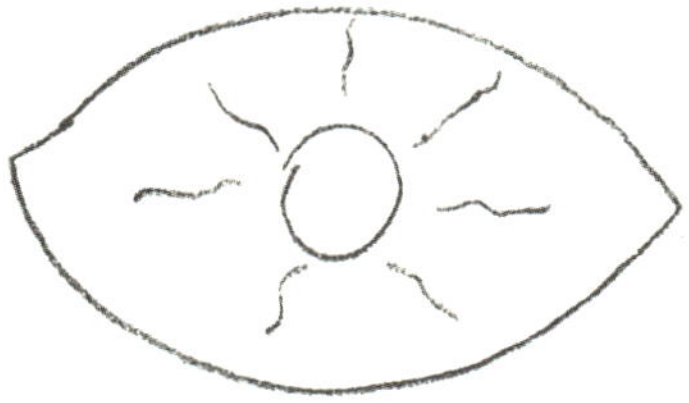

Blutunterlaufener Augapfel

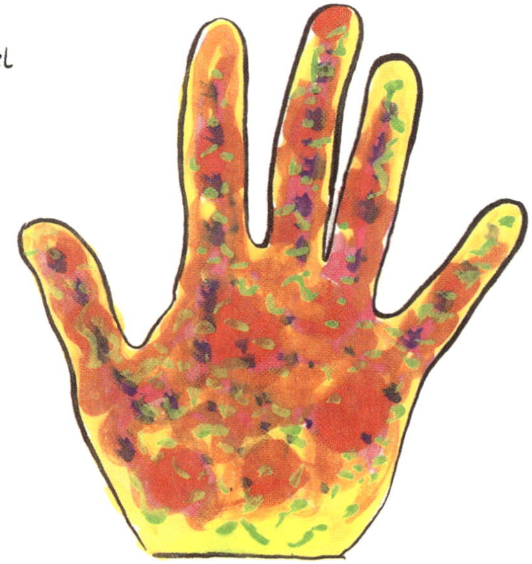

Keine Idee, was du malen könntest? Dann zeichne einfach den Umriss deiner Hand nach und mal ihn aus.

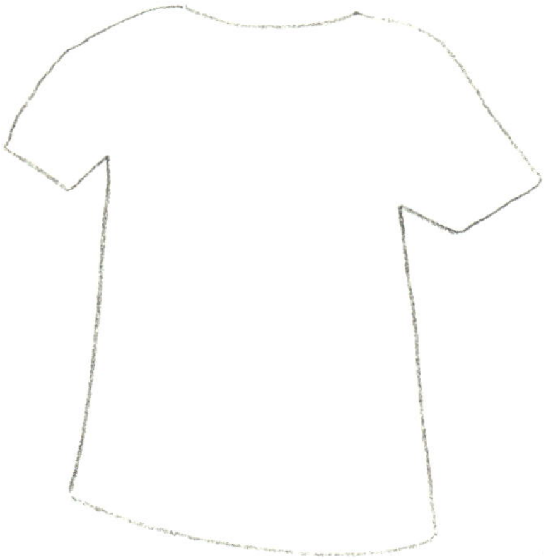

T-Shirt mit Batikmuster

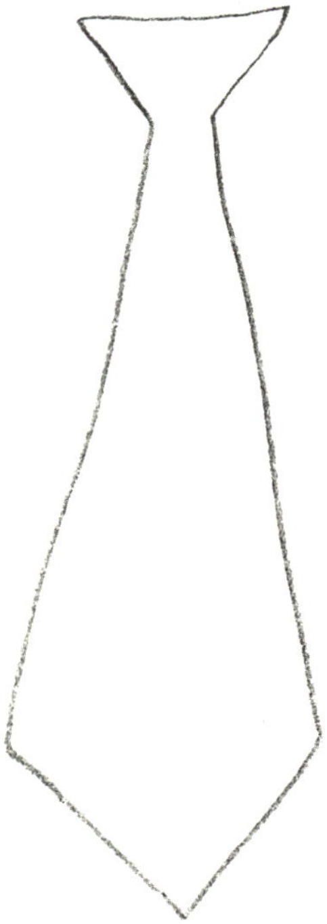

Gewinner des Hässlichste-Krawatte-der-Welt-Wettbewerbs

MIT DEM BLEISTIFT SPIELEN

Beim Malen mit Wasserfarben ist am Anfang oft (aber längst nicht immer) erst mal der Bleistift gefragt. Zeichne hier und auf der nächsten Seite die Umrisse deiner Formen und Objekte zuerst mit dem Bleistift vor und male sie danach farbig aus. Drück nicht zu stark auf und arbeite skizzenhaft. Male deine Zeichnung am Ende mit einer dünnen Farbschicht aus.

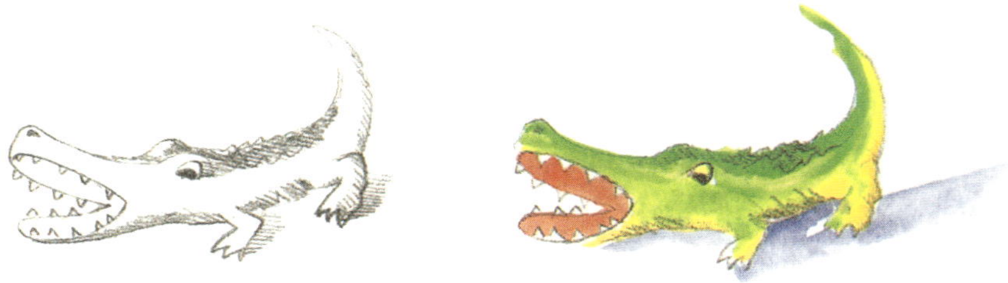

Die Mumie erwacht!

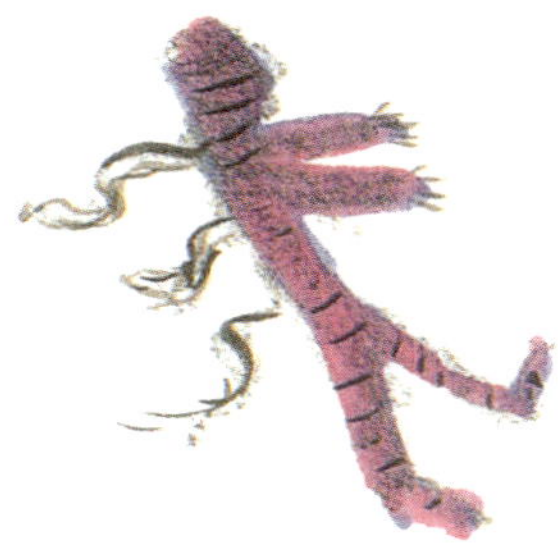

Themenvorschläge: Schmetterling, Zylinder, Reifenschaukel, Schubkarre, Blitzstrahl, Segelboot ... ⟶

Mehr Platz, um mit dem Bleistift zu spielen

Fang mit einer Bleistiftskizze an und
bearbeite sie dann mit einer dünnen Farbschicht.

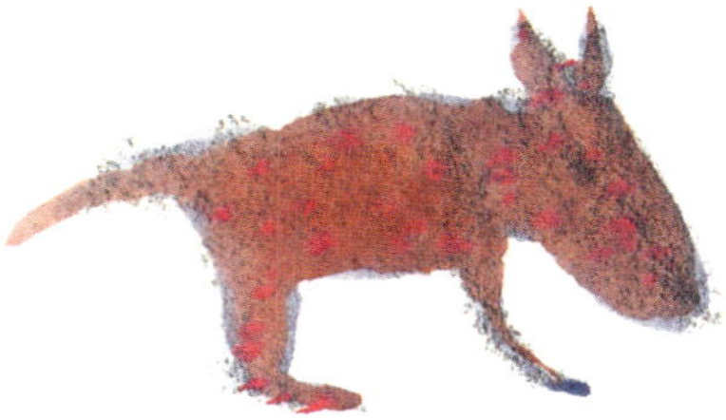

Wasserfarben auf Bleistiftzeichnung.
Ich habe den Bleistift ziemlich
schräg gehalten, ungefähr so:

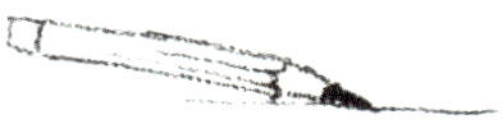

Dadurch bekommt man eine
breitere Linie, die etwa so
aussieht:

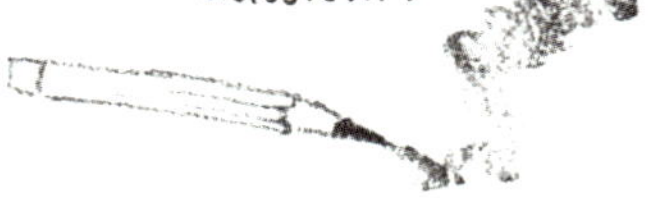

 ... Mond und Sterne, Tropenfisch, Baum, Bettdecke, Spiegelei, Gespenst, Skateboard, Werbetafel ...

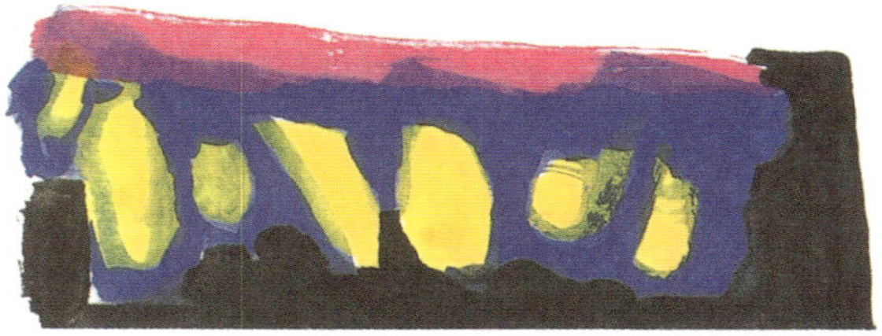 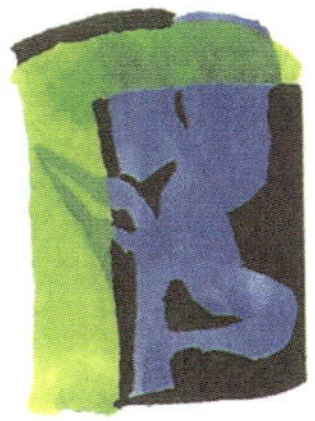

Banane bei Tempo 200

Kleine Verschnaufpause

Auf dieser Seite kannst du alles, was du bisher gelernt hast, ausprobieren und wild durcheinandermischen. Füll die Seite mit einem guten Dutzend Einzelbildern. Verwisch eins davon mit Küchenpapier, nimm die Spritztechnik für ein anderes und rahme eine Farbe dramatisch schwarz ein. Drück einen Daumen in Farbe und hinterlass deinen Fingerabdruck. Zeichne ein Kirchenfenster mit dem Bleistift vor und male es farbig aus. Wie immer gilt auch hier: Male schnell, hemmungslos und hab Spaß dabei, man wird es deinen Bildern ansehen.

Däumlinger

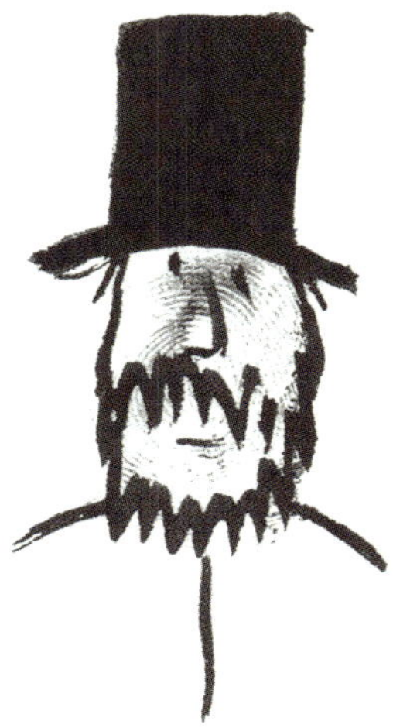

Die Seite zum Wischen

Das hier ist deine Übungsseite. Leg deinen Bleistift beiseite und lies erst mal die gegenüberliegende Seite.

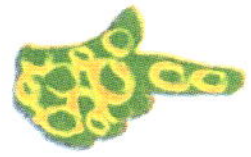

Blauer Himmel: Ein dicker blauer Strich oben. Pinsel auswaschen. Mit klarem Wasser das Blau nach unten wischen, um die gesamte Fläche auszufüllen.

Blauer-Himmel-Variante: Ein dicker Strich aus klarem Wasser oben. Blau hineingeben. Die Farbe nach unten wischen.

Blau-rosa Himmel: Ein dicker blauer Strich oben. Dann ein dicker rosa Strich darunter. Immer nur ein Pinselstrich. Die rosa Farbe nach unten wischen.

Zwei Farben deiner Wahl.

Zuerst die ganze Fläche mit klarem Wasser befeuchten. Ein dicker blauer Strich oben. Direkt darunter ein rosa Strich. Zum Schluss ein gelber. Sei flink.

Drei Farben deiner Wahl.

WISCHTECHNIK

Die Wischtechnik ist das Herzstück der Wasserfarbenmalerei. Wischbilder sind zart, lebendig und auch ein bisschen unvorhersehbar. Du wirst schnell darauf kommen, dass man Wischbilder zwar *grob lenken*, aber nicht exakt steuern kann. Gerade deshalb sind sie so wunderbar. *Doch Achtung:* Arbeite schnell und mit Feingefühl. Oft genügt schon ein einziger Farbstrich. Hört man bei Wischbildern nicht früh genug auf, zerstört man sie.

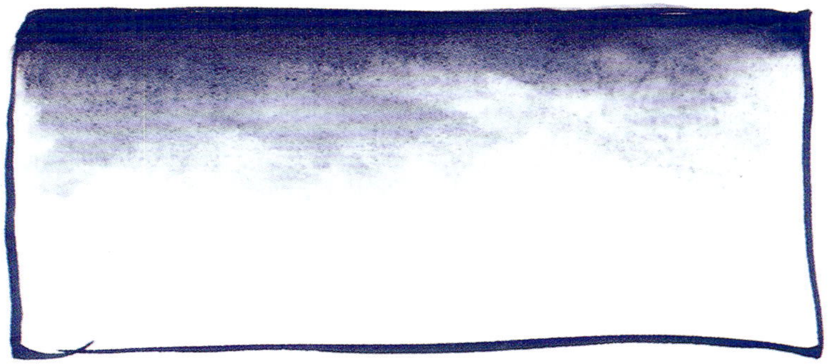

Blauer Himmel. Hier habe ich am oberen Rand des Kastens eine dicke, blaue Linie gezogen. Dann habe ich den Pinsel gesäubert, abgetupft und anschließend wieder nass gemacht, um damit das Blau von oben nach unten zu „wischen".

Ein anderer Weg zum blauen Himmel: Mit einem sauberen, sehr nassen Pinsel habe ich den ganzen Kasten so richtig mit Wasser eingeweicht. Dann habe ich am oberen Rand einen blauen Pinselstrich gezogen und ihn selbst seinen Weg nach unten suchen lassen. Wenn das Papier nass genug ist, dann verteilt sich die Farbe von ganz allein.

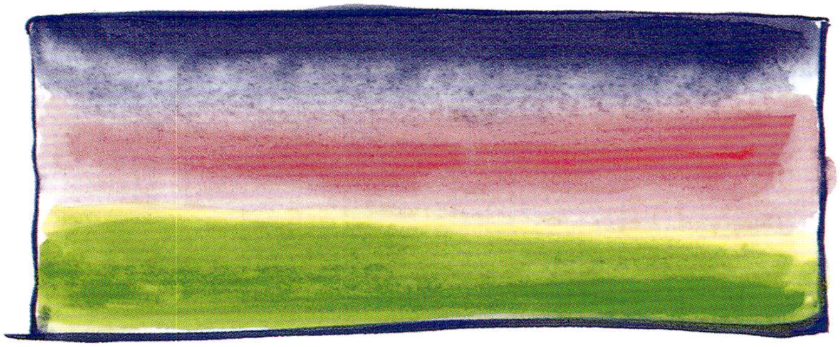

Das Hinzufügen einer dritten Farbe ist vor allem eine Übung in Zurückhaltung. Ich begann mit einem blauen Strich und wischte ihn mit einem sauberen, nassen Pinsel nach unten. Das Gleiche machte ich dann mit Rosa und schließlich mit Grün. Mehr als ein oder zwei Pinselstriche waren nicht nötig. Macht man mehr, werden die Farben trüb.

Wischtechnik und Farbschichten

Triefnasser Regenbogen. Zuerst wurde das Papier mit klarem Wasser befeuchtet, dann folgte ein schneller grüner Strich, dann ein pinkfarbener und danach ein blauer. Das Rot kam ganz zum Schluss obendrauf.

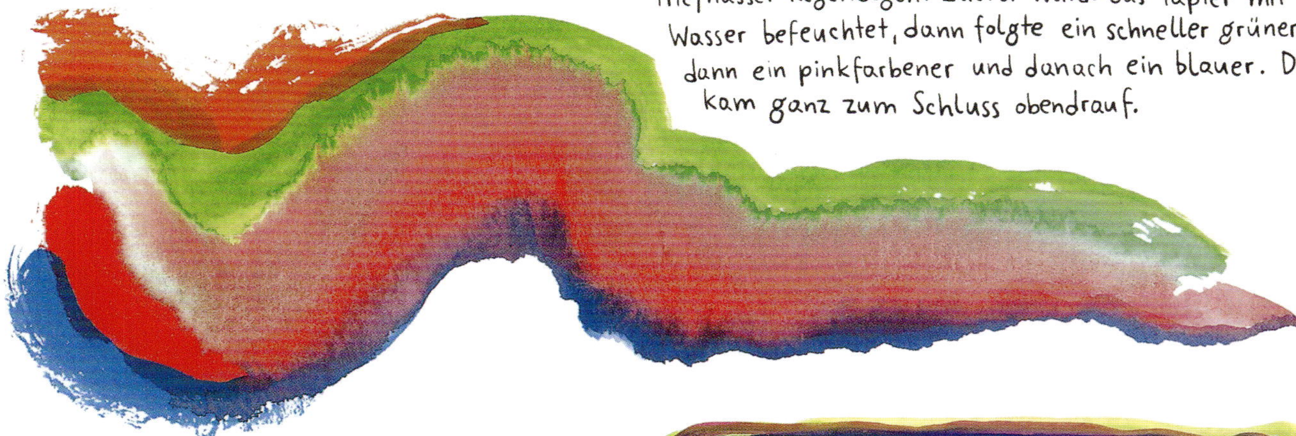

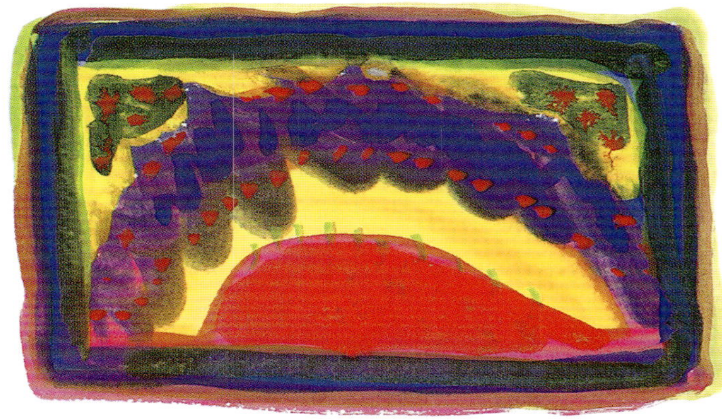

Hier habe ich die einzelnen Farben zwischendurch trocknen lassen. Normalerweise beginne ich mit den helleren Farben (z.B. Gelb), doch in diesem Fall kam, glaube ich, zuerst das Lila. So viel zu meinen eigenen Regeln.

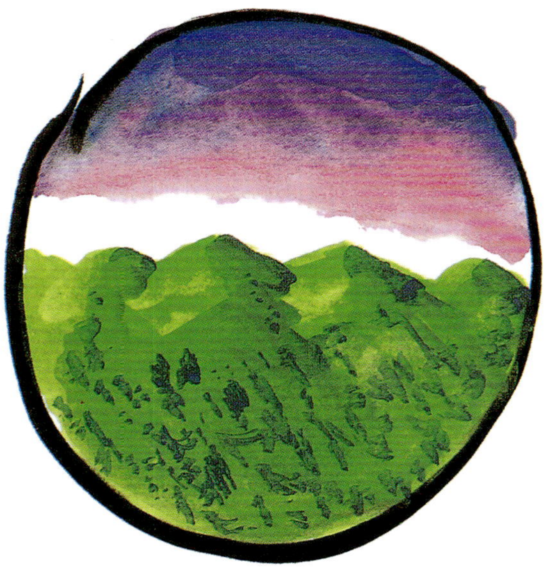

Himmel sind oben immer dunkler.

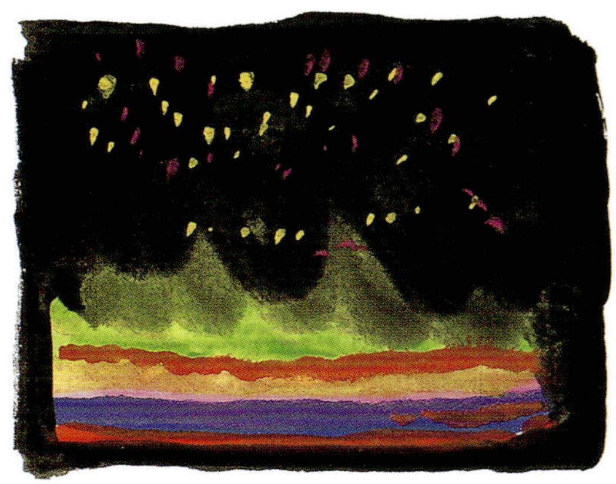

Hier ging es mit Wischtechnik in allen möglichen Farben los, dann kam Schwarz dazu und ganz am Ende die Sterne.

Wischspiele

Male die Flächen hier mit ein, zwei oder drei Farben in Wischtechnik aus. Die gegenüberliegende Seite gibt dir eine grobe Anregung.

Leuchtreklame bei Nacht, durch nasse Windschutzscheibe gesehen

Hawaiianischer Vulkan, durch ein Bullauge gesehen

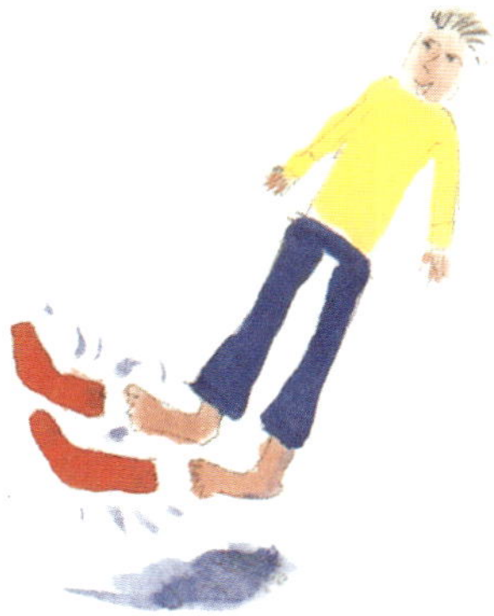

WOW! Dein Bild haut mich echt aus den Socken!

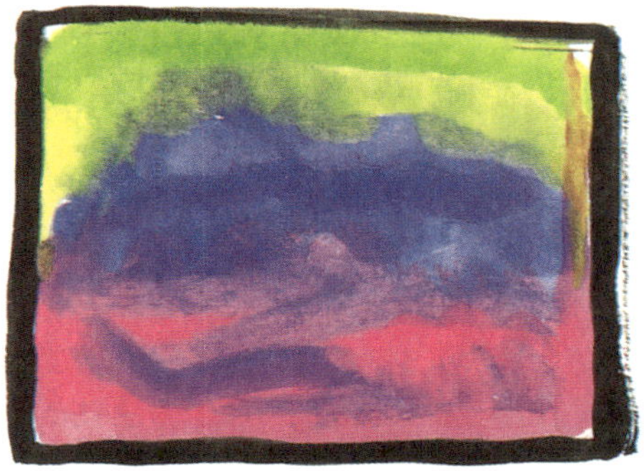

Noch mehr Platz zum Wischen

Nimm deinen Bleistift und zeichne diese Seite mit allen möglichen Formen voll: Kästen, Kreise, Kleckse oder sonst irgendwas. Dann male diese Formen mit ein, zwei oder drei Farben in Wischtechnik aus. Arbeite schnell und versuch nicht, im Voraus zu planen, denn sicher hast du es schon gemerkt: Bei Wischtechniken klappt das nicht.

Titelvorschläge: Ferner Waldbrand bei Nacht. Rotkehlchen im Amselschwarm. Sonnenuntergang auf der Venus, Obstschale hinter Aquarium, Blitzschlag bei Unwetter. Ein Berg Weihnachtsgeschenke ...

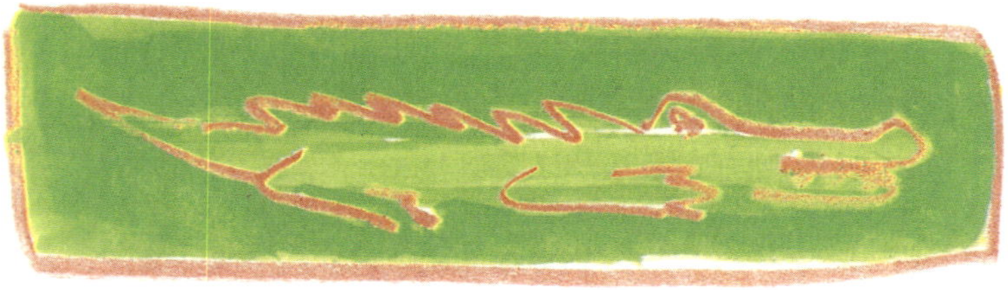

Spielereien mit Wachsmalstift und Wischtechnik

Wachsmalstifte sind fettig und wehren sich dagegen, mit Wasserfarben vermischt zu werden. Diese Nicht-Mischbarkeit wirst du dir hier auf interessante Weise zunutze machen. Die Technik ist einfach: Fertige eine Zeichnung mit Wachsmalstiften an und male dann *schnell* mit Wischtechnik darüber. Sei flink und vorsichtig, denn zu viel Farbe überfordert den Wachsmalstift. Weitere Wasserfarben (aber nicht zu viele!) können hinzugefügt werden, entweder sofort oder sobald die erste Farbe getrocknet ist.

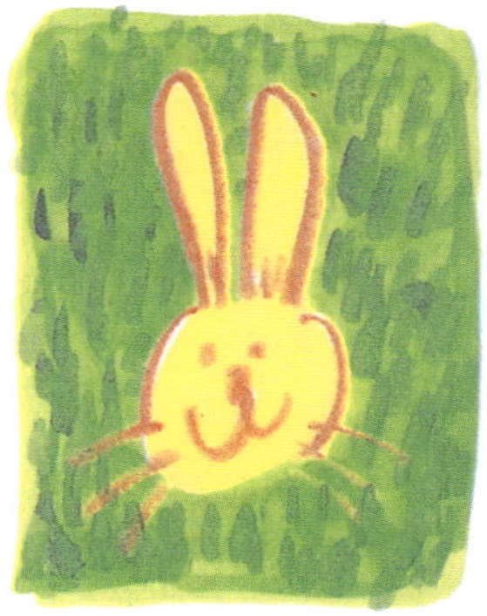

Nur die Umrisse von Kroko und Hase wurden mit dem Wachsmalstift skizziert. Alles andere sind Wasserfarben, die gleich im Anschluss aufgetragen wurden.

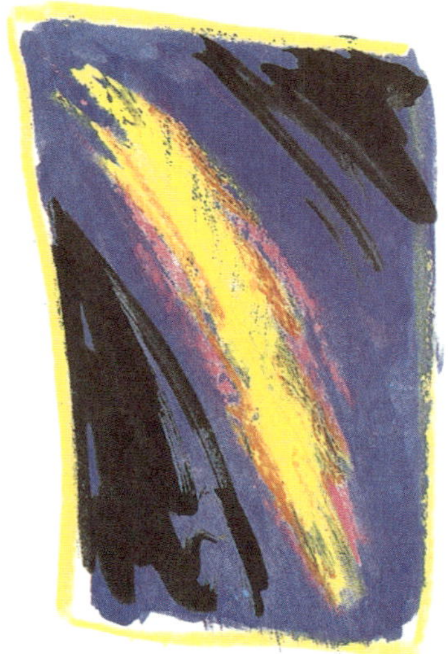

Als Erstes wurde der Komet mit gelben, pinkfarbenen und roten Wachsmalstiften gemalt. Zum Schluss kam die schwarze und blaue Wasserfarbe dazu.

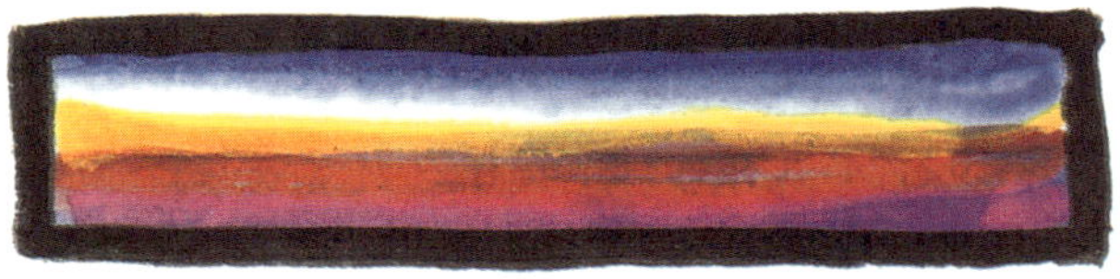

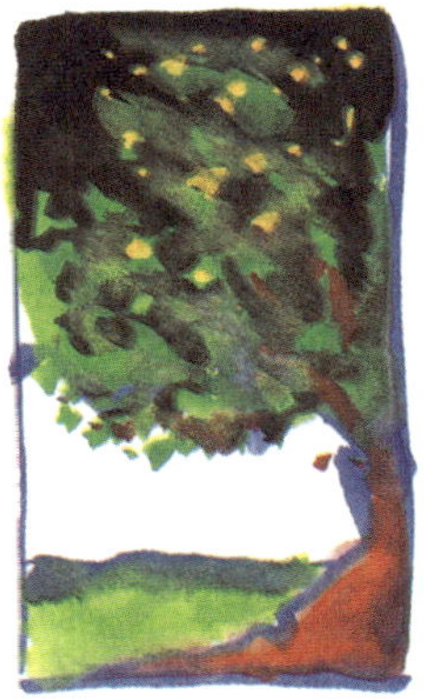

Landschaften

Wegen ihres lebendigen, weichen Ausdrucks eignen sich Wasserfarben extrem gut für Landschaften. In der Tat passen Medium und Gegenstand sogar so gut zueinander, dass manche Wasserfarbenmaler einfach *nur* Landschaften produzieren.

Noch mehr Landschaften

Diesmal kannst du deine eigenen Rahmen zeichnen.

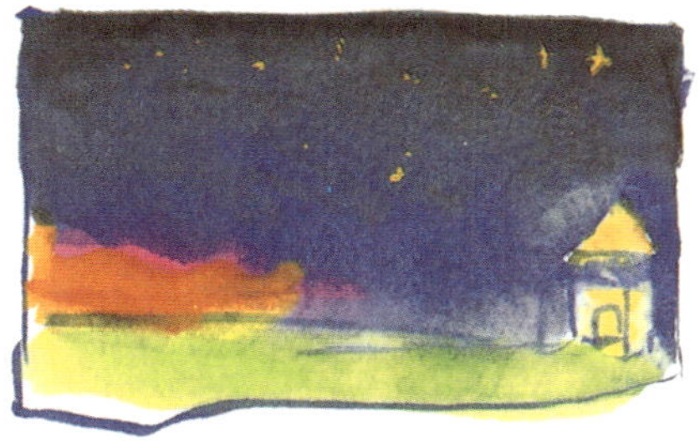

Abend auf dem Land

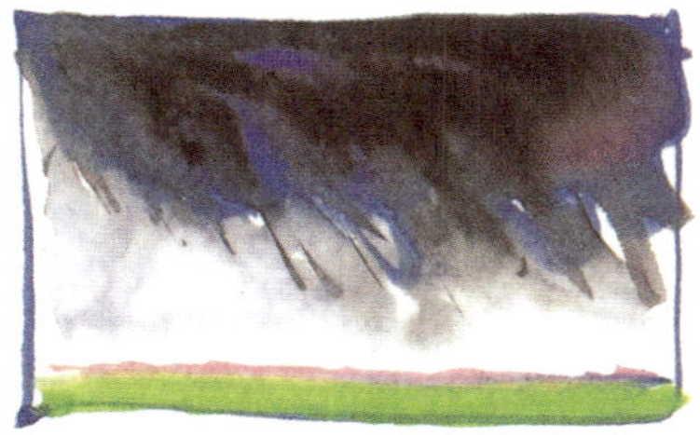

Wolkenbruch

Titelvorschläge: Flache Bauten im Nebel. Tiefe Wolken über Hügeln. Brennendes Morgenrot. Wilde See. Steppenfeuer. Büffelherde. Tornado über Feldern. Einsames Boot im weiten Ozean. Feuerwerk über dem Meer. Regenbogen in der Ferne. Schneebedeckte Gipfel…

→

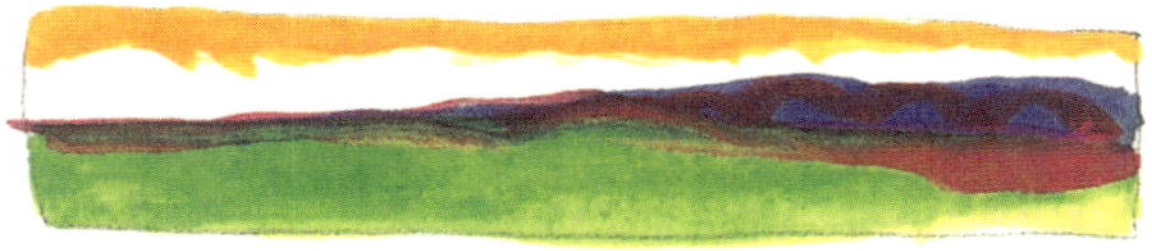 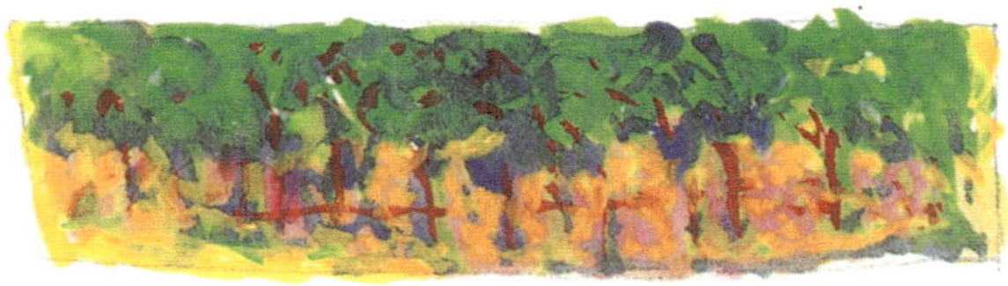

Und *noch* mehr Landschaften

… Mondlandschaft. Skihang für Anfänger. Himmel bei Sonnenuntergang. Hügelland mit Wildblumenwiese. Fantasiehimmel in Lila. Menschenmassen am Strand aus Sicht eines Schwimmers …

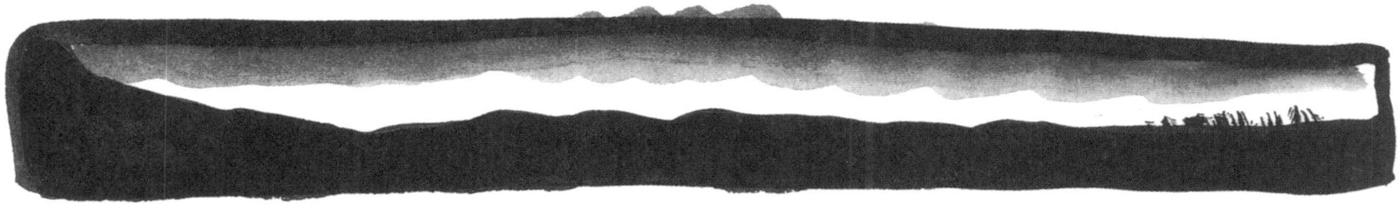

Schwarz und Weiß

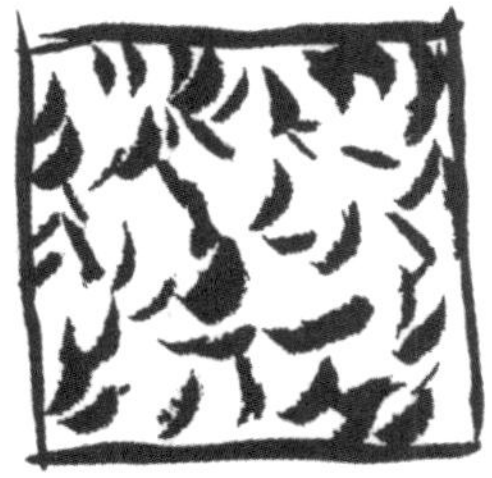

Auf dieser Seite geht es darum, die starke Wirkung von Schwarz-Weiß-Bildern zu nutzen. Sie soll dir außerdem zeigen, wie du diese Wirkung durch die Formen beeinflussen kannst, die du deinen Wasserfarben gibst.

Zeichne mit deinem Bleistift fünf oder sechs Formen. (Vorschläge gefällig? Ein flacher, breiter Rahmen, ein hoher, schmaler Rahmen, ein Schlüsselloch, ein Kreis, ein Halbmond, eine Träne, ein Oval ...) Fülle jetzt die Formen mit Mustern und verwende dafür nichts weiter als die Farbe Schwarz und das Weiß der Seite.

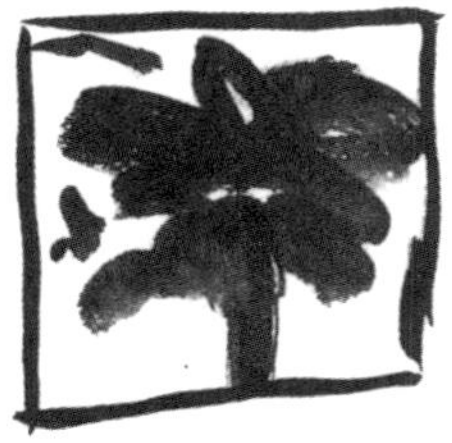

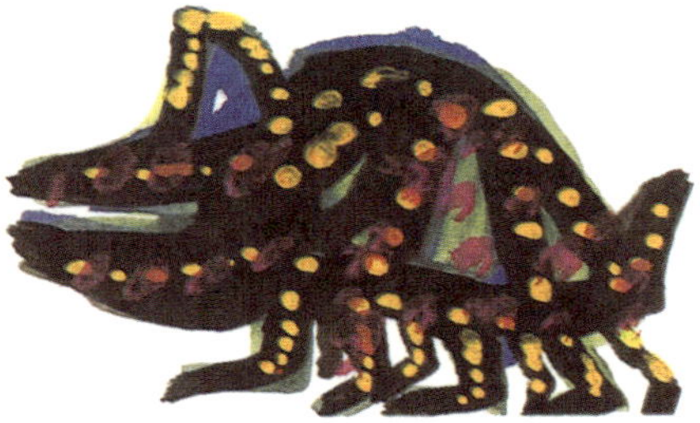

Der blutrünstige Wolpertinger

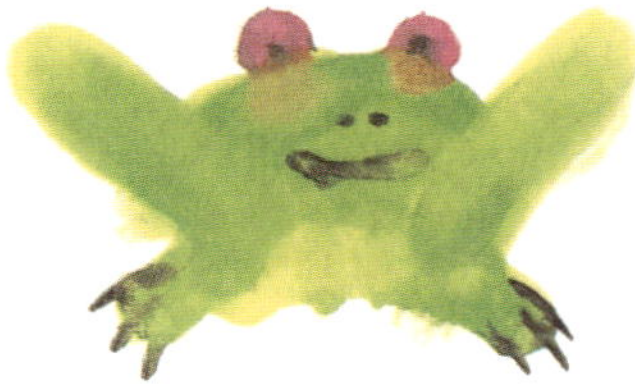

Der Froschkönig (vorher)

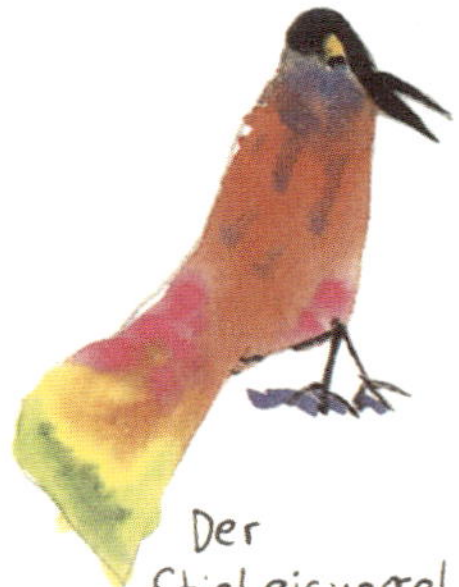

Der Stieleisvogel

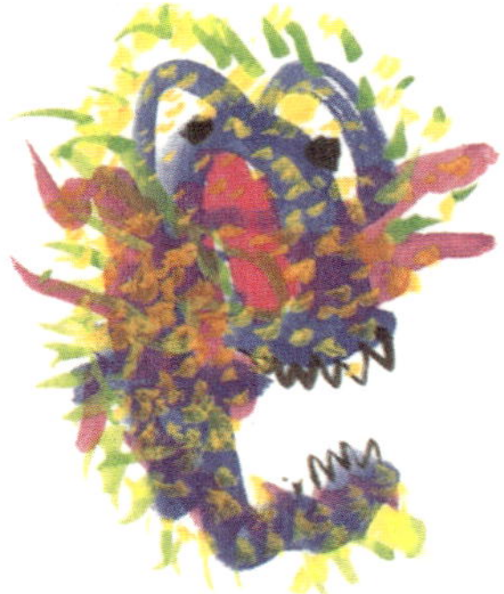

Der Montagmorgen

Farbenfrohes Getier

Halte deine Tierchen relativ klein und wende alles an, was du bis jetzt über Formen, Wischtechnik, Trocken- und Nassmischen, die Goldene Regel und die Bedeutung des gedankenverlorenen ersten Pinselstrichs erfahren hast. Du solltest diese kleinen Tierchen halb entdecken und halb selbst erschaffen. Male mindestens eins von ihnen beim Telefonieren. Wenn du sie ziemlich klein malst, dann sieht diese Seite am Ende wie ein Miniatur-Zoo aus einem Fantasyfilm aus.

Raubkatze mit Rückenproblemen

Tanzende Taugenichtse

Oh du süßer Albtraum

X-beiniger Schmetterling

Pantoffeltierpärchen aus Paraguay

Noch mehr Getier. Male *richtig viele!*

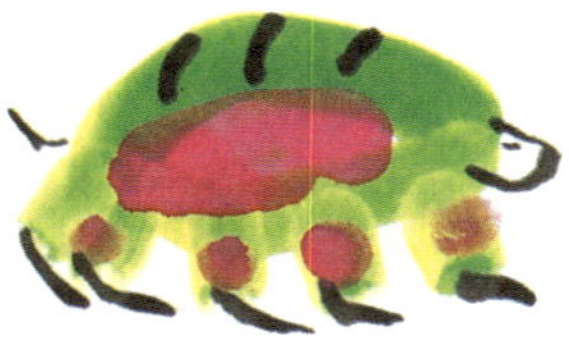

Außerirdisches Haustier

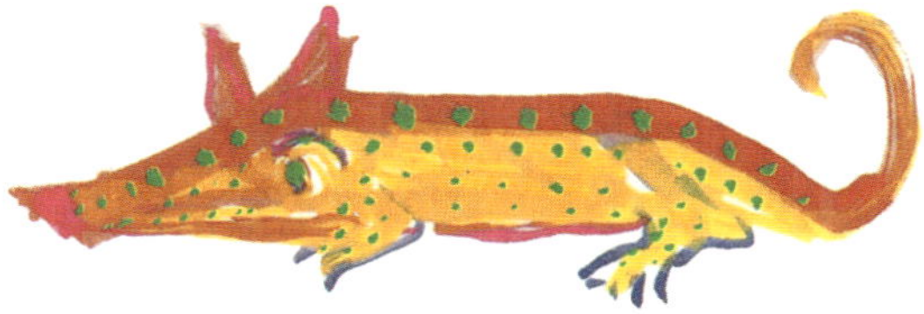

Ein Fasermaler-Reptil

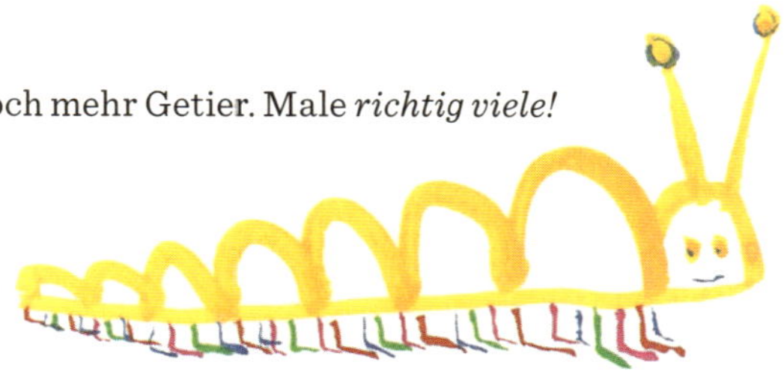

Der gefürchtete Warzenflügler

Das falsche Zwergerl

Ein kubistischer Alligator

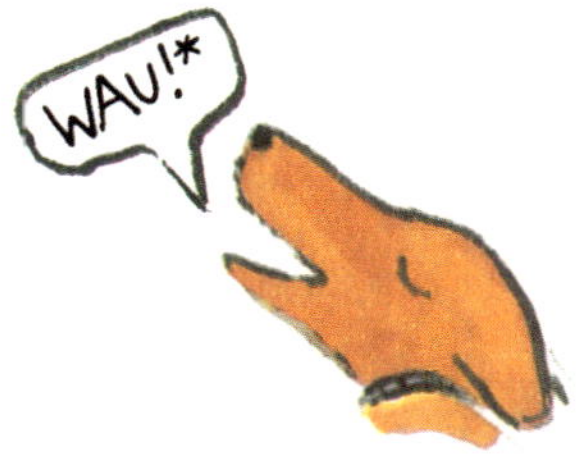

* SUPER BILD!

Ein Gilatier mit Knautschgesicht

Papageienparade

Schwarzer Panther bei Nacht

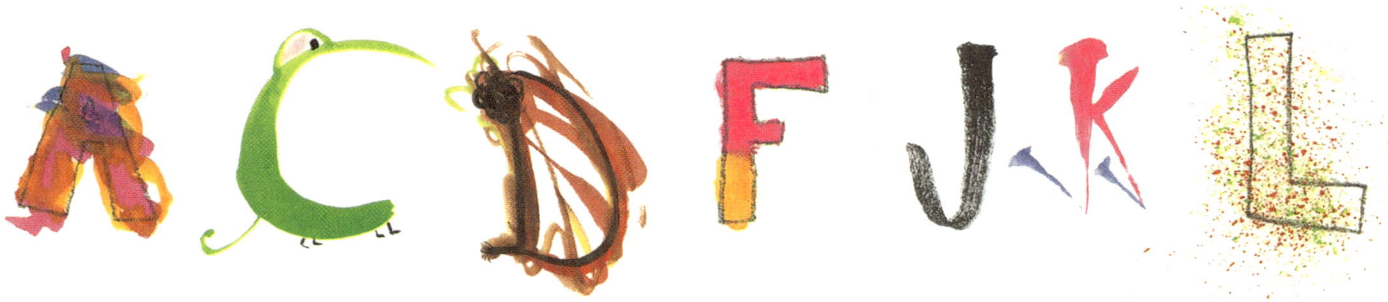

Alphanumerische Kunst

Die am häufigsten gedruckten Formen auf der Welt sind Buchstaben und Ziffern, doch hinter ihrer gewöhnlichen Fassade verbirgt sich ein Universum voller Möglichkeiten. Hier geht es für dich darum, deine ganz persönlichen Buchstaben und Ziffern zu entwerfen. Arbeite nicht zu groß, damit du auf dieser Doppelseite drei oder vier Varianten unterbringen kannst. Verändere ihr Wesen von Buchstabe zu Buchstabe, von schrill zu schick, von luxuriös zu langweilig, von durchgeknallt zu düster, von fragwürdig zu furios, von fad zu ...

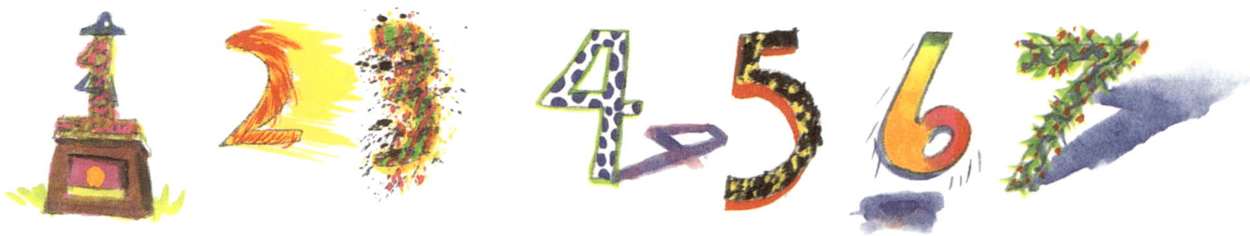

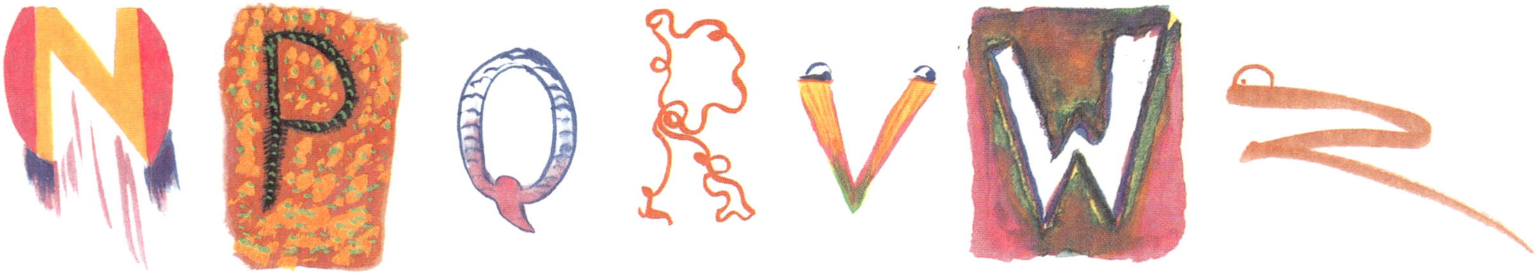

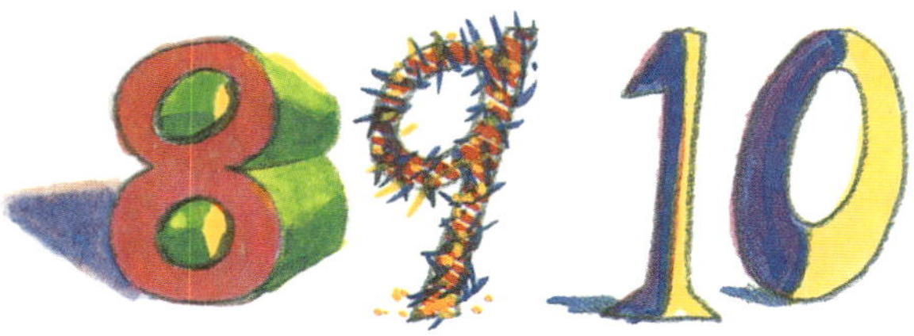

Noch eine kleine Verschnaufpause

Schreib doch mal die ersten fünf oder sechs Sätze für ein großartiges Stück Weltliteratur (»Es war eine dunkle und stürmische Nacht ...«) und versuche, sie anschließend zu illustrieren.

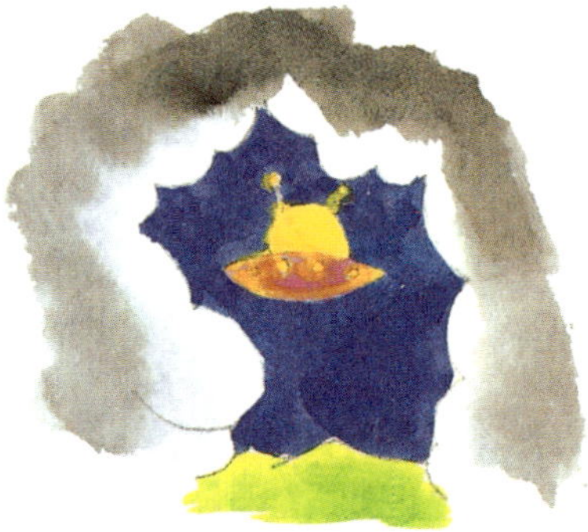

Durch ein flüchtiges Loch in der Wolkendecke erkannte Kapitän Jackson eindeutig das außerirdische Raumschiff. Es leuchtete in Rosa und Gelb.

Weitere Vorschläge?

★ Nenn mich einfach Fischkopf, wie alle anderen auch. Vielleicht liegt es ja an meinen Kiemen.

★ Wer keine Meeresfrüchte mag, hat es als Hammerhai nicht gerade leicht im Leben.

★ Trostlos ging die Sonne hinter den Bergen des Mars auf. Kapitän Xfftgr runzelte seine zwölf Augenbrauen und hustete schwach, während er den Blick über sein Herrschaftsgebiet schweifen ließ.

LICHT UND SCHATTEN

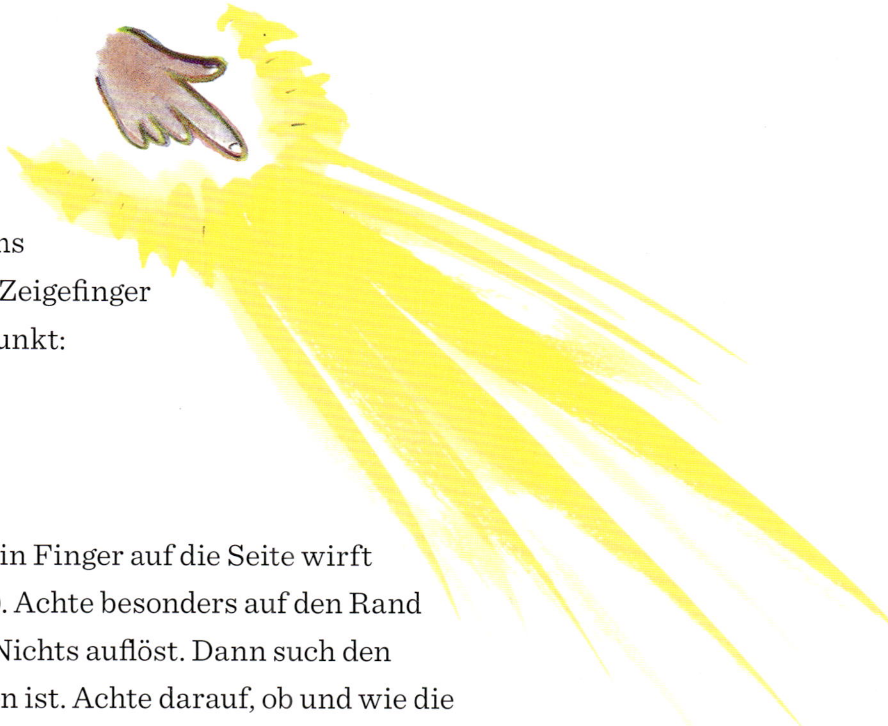

Leg dieses Buch vor eine Lampe oder ans Fenster. Richte deinen ausgestreckten Zeigefinger senkrecht von oben genau auf diesen Punkt:

Jetzt schau dir den Schatten an, den dein Finger auf die Seite wirft (es kann auch ein Doppelschatten sein). Achte besonders auf den Rand des Schattens, die Stelle, wo er sich in Nichts auflöst. Dann such den Bereich, wo der Schatten am dunkelsten ist. Achte darauf, ob und wie die Form des Schattens die Form deines Fingers abbildet.

Und nun betrachte deinen Finger auf eine Art, die wahrscheinlich ganz neu für dich ist: als einen Gegenstand, der den Lichtstrahlen im Weg steht. Dort, wo sie ihn berühren, ist er hell. Wo die Strahlen indirekt auf ihn treffen, liegt er im Schatten. Achte darauf, wo die hellen Stellen am hellsten und die Schatten am dunkelsten sind.

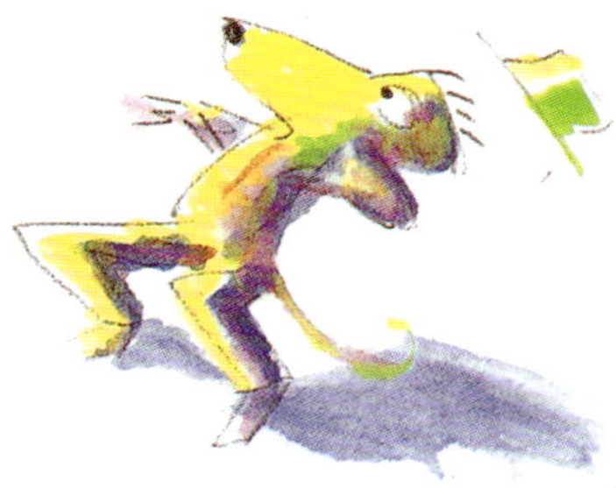

Dieses Hell-Dunkel-Muster liegt auf allen Dingen, die du siehst, auch wenn du es vermutlich nie bewusst wahrnimmst – außer bei extremen Verhältnissen, wenn das Licht sehr stark ist und aus einer Richtung kommt (etwa wenn du dir eine Taschenlampe unters Kinn hältst). Licht verleiht Gegenständen ihre Form.

Ein Apfel in einem dunklen Raum.

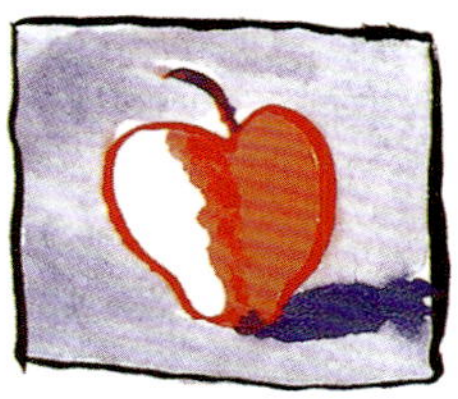

Ein Apfel in einem hellen Raum.

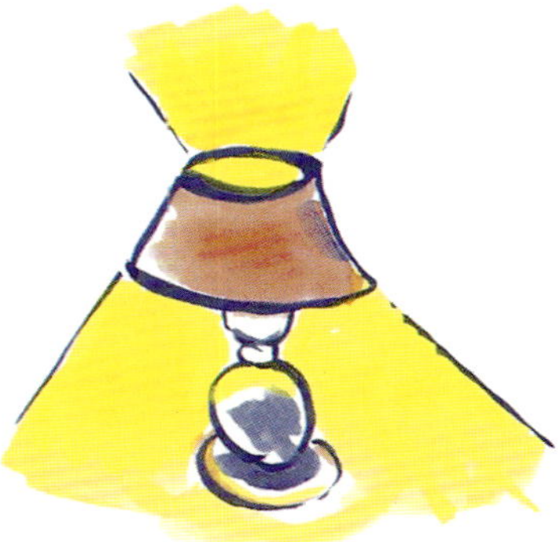

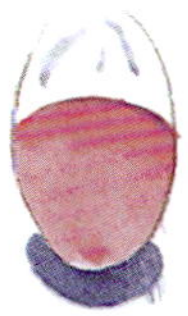

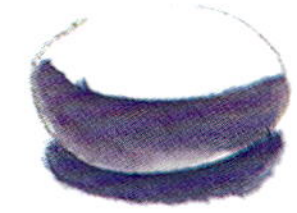

Und jetzt zu einem wichtigen Punkt: Du kannst eine lange und erfüllte Karriere als Künstler haben, ohne in deiner Arbeit je auf Licht und Schatten Rücksicht zu nehmen. Viele Künstler tun das. Oder du kannst sie hin und wieder einsetzen, um besondere Effekte zu erzielen. Sie können einem Bild ein bestimmtes Gefühl verleihen, es dreidimensional und realistischer wirken lassen, falls das erforderlich ist. Licht und Schatten sind Werkzeuge. Ob du sie benutzt oder nicht, hängt ganz von deinem Geschmack und deinen Zielen ab.

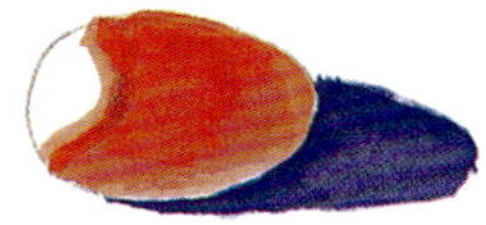

Du hast das Spiel von Licht und Schatten im Leben schon so oft gesehen, dass du es in Wahrheit gar nicht mehr siehst. Falls du es in deinen Bildern einsetzen willst, wirst du deine Augen also ganz neu öffnen müssen. Der erste Schritt besteht darin, dich umzusehen und alles ganz genau auf das Hell-Dunkel-Muster hin zu untersuchen. Finde heraus, wo das Licht am hellsten ist und die Schatten am dunkelsten sind, und schau dir vor allem die Übergänge zwischen Licht und Schatten an. An dieser »Wendelinie« sind die Schatten in der Regel nämlich am dunkelsten.

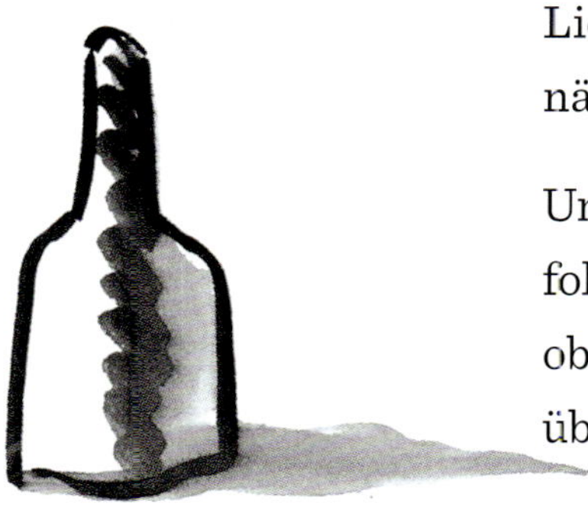

Und dann nimm deinen Pinsel in die Hand, um mithilfe der Übungen auf den folgenden Seiten ein bisschen herumzuspielen. So kannst du herausfinden, ob du dich für Licht- und Schattenspiele interessierst. Falls ja, kannst du sie überall dort in deinen Bildern einsetzen, wo du es für richtig hältst.

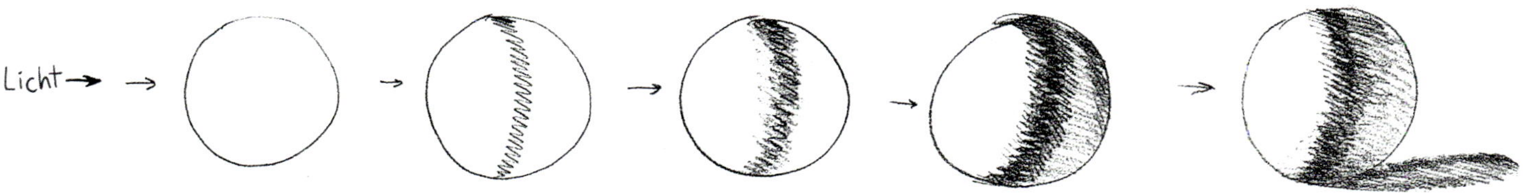

① Einen Kreis zeichnen.

② Die Wendelinie schlangenlinienförmig schraffieren. Eine dunkle Wendelinie unterstützt die Illusion von Gegenständlichkeit.

③ Die Schraffierung weicher zeichnen.

④ Die Schattenseite abdunkeln.

⑤ Wieder mit etwas weicheren Strichen den Schatten am Boden einzeichnen. Denk daran: Der Schatten fällt auf die Seite, die dem Licht gegenüberliegt.

Eine Ausmalseite für Licht und Schatten

Male diese Formen aus. Stell dir dabei aber vor, dass sie von einer einzelnen Glühbirne beschienen werden. Arbeite wie immer schnell. Durch zu viel Planung und – was am allerschlimmsten ist – Nachbessern bringst du dich nur in »Schmierigkeiten«.

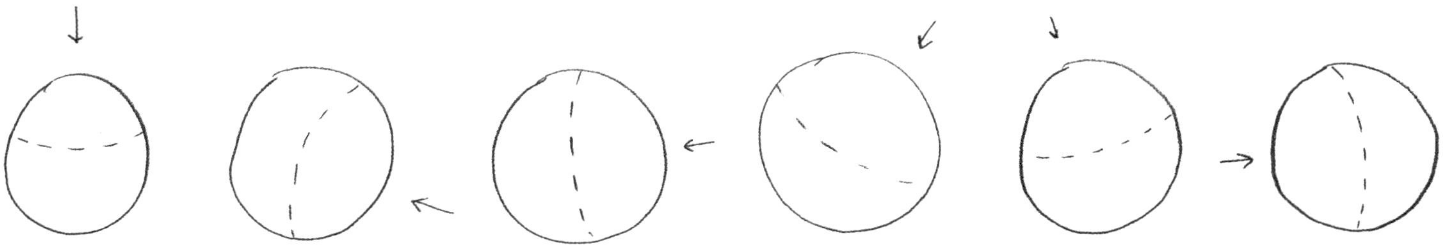

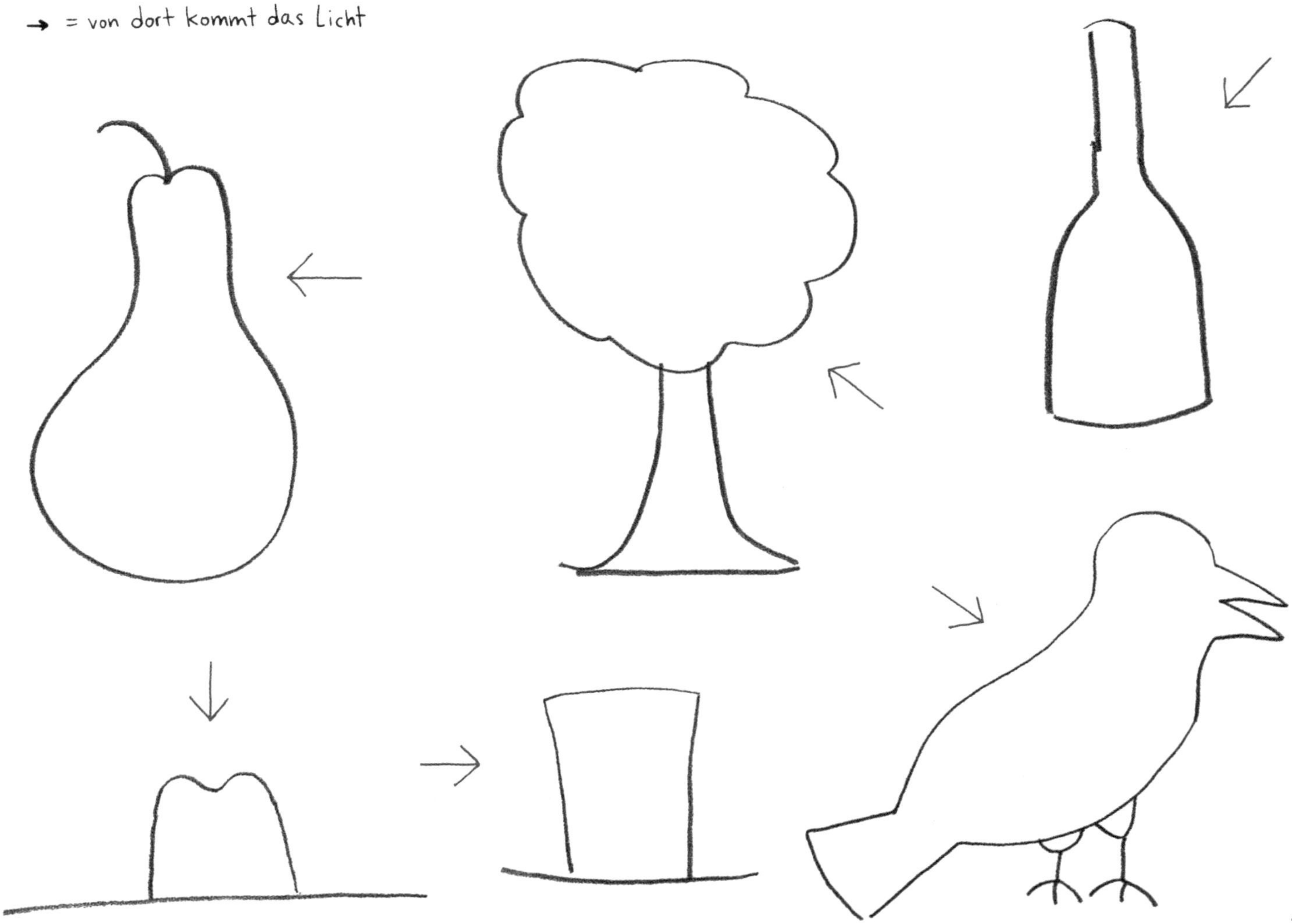

Weiter geht's mit Licht und Schatten

Hol deinen Bleistift heraus, zeichne auf dieser Seite deine eigenen Formen und »beleuchte« sie aus einer bestimmten Richtung. Stell als Hilfestellung etwas vor dich hin (vielleicht ein Buch?) und richte eine einzelne Lampe darauf. Sieh dir das Hell-Dunkel-Muster ganz genau an. Mach erst eine Bleistiftskizze und male sie dann farbig aus. Schärfe deinen Blick für Licht und Schatten!

Vorschläge gefällig? Kegel, Kürbis, Kaktus, Rakete, Kofferradio, Eimer, Reifen, Teekessel

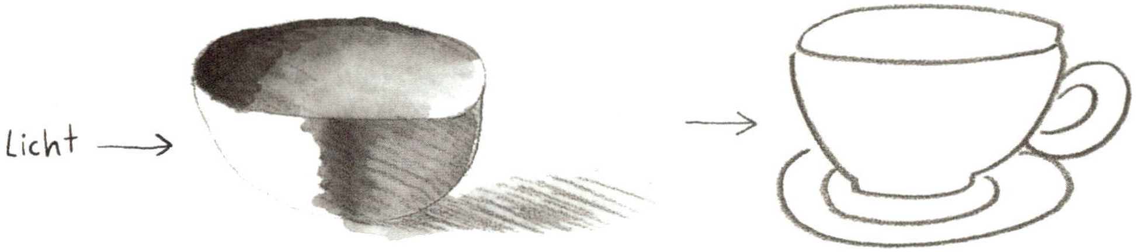

Schalen und Tassen sind ganz schön kompliziert. Stell eine vor dich hin und schau sie dir genau an.

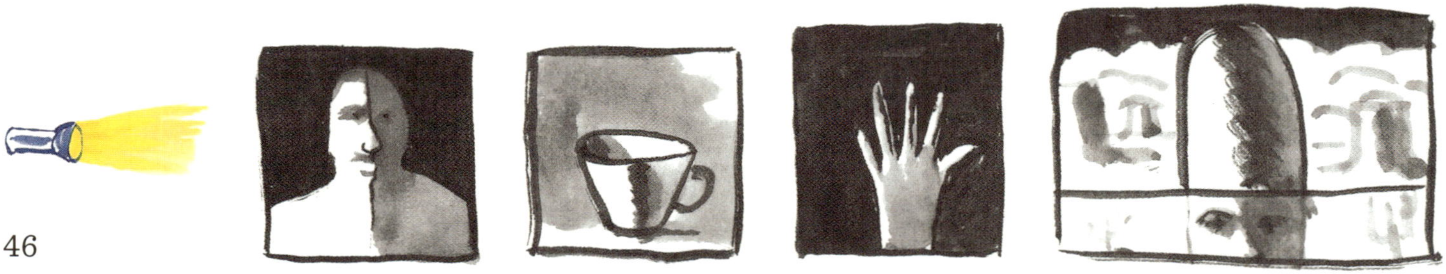

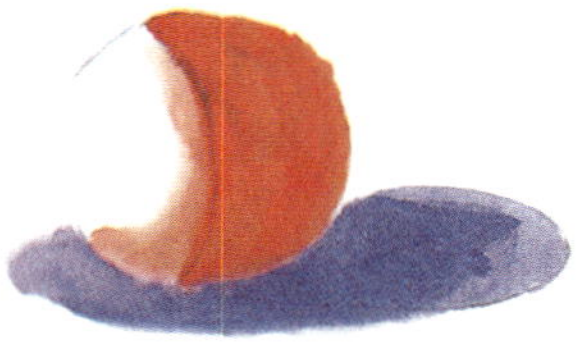

Extreme von Licht und Schatten

Je mehr du das Licht verstärkst, desto kräftiger werden zugleich die Schatten. Probier auf dieser Seite noch ein paar Formen und Gegenstände aus und richte dabei einen *grellen* Scheinwerfer auf sie. Vorschläge gefällig? Stiefel, Schachtel, Schiff, Ballon, Brot, Bierflasche ... Lass das Licht nicht immer aus der gleichen Richtung kommen.

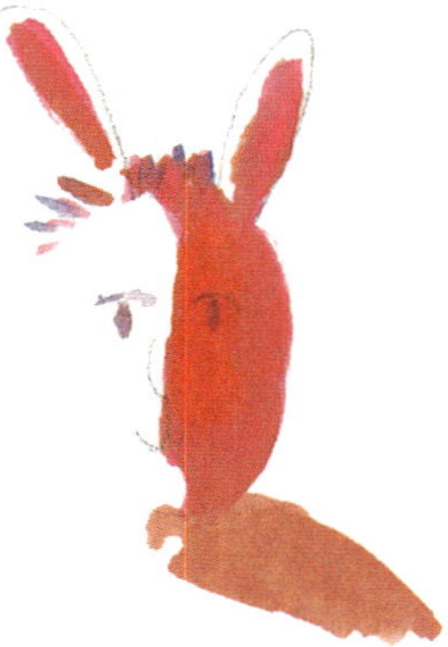

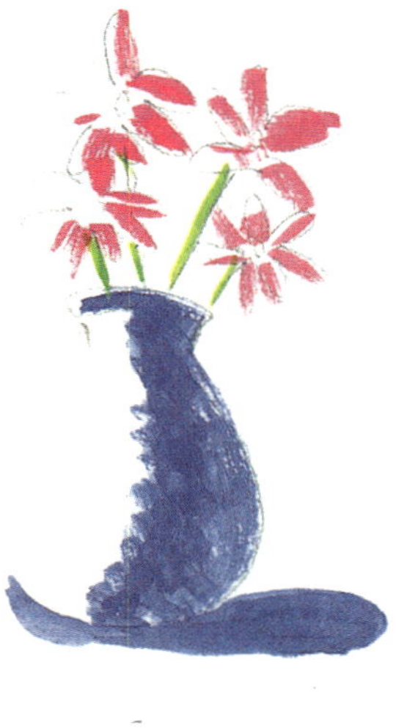

Wie du siehst, habe ich den zum Licht gewandten Umriss dieser Gegenstände weggelassen, doch dem Auge ist das egal.

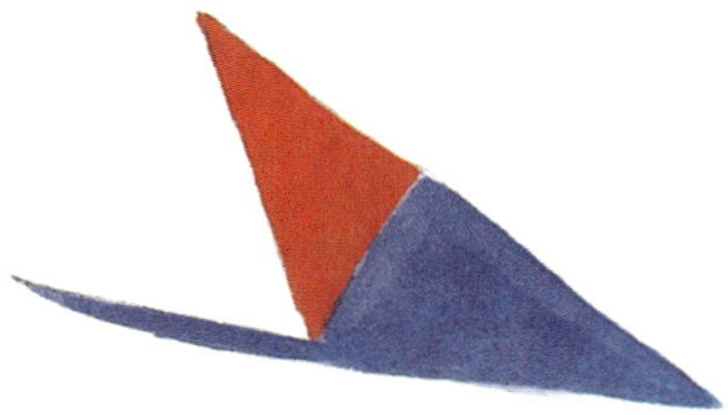

Im Licht stehen

Du kannst ein Objekt »erden« oder es etwas standfester machen, indem du ihm unten eine kleine Schattenwolke malst. Denk daran, dass Schatten immer einen *sehr* weichen Rand haben. Wenn du die Schattenkante zu hart machst, dann sieht das eher nach einem Tintenfleck als nach einem Schattenwurf aus. Also immer schön locker und weich malen.

Wenn die Sonne tief steht, dann sind die Schatten lang, Alter.

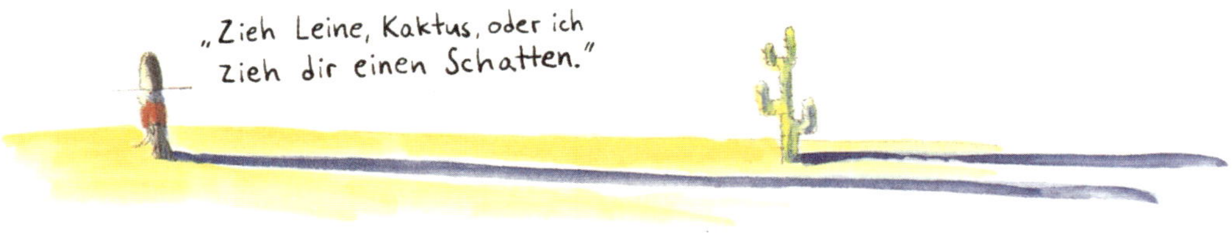

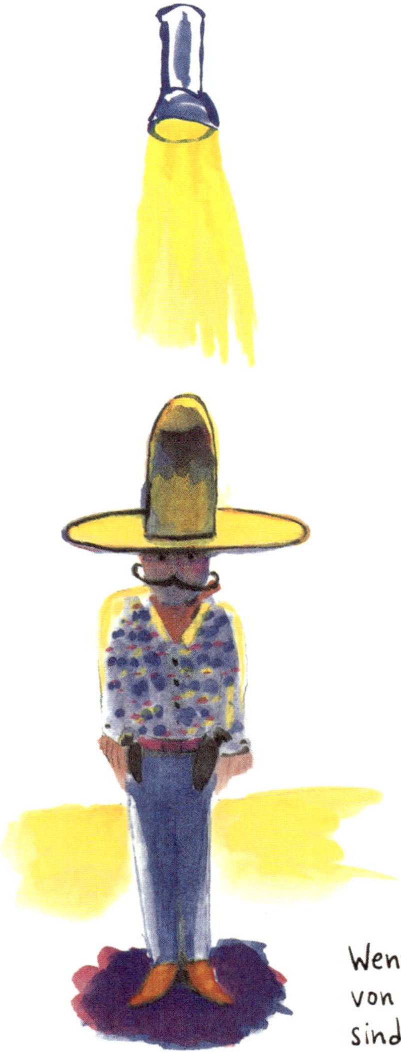

Wenn das Licht senkrecht von oben kommt, dann sind die Schatten kurz.

Anatomie

Jeder Kunststudent kann ein Lied davon singen, wie wahnsinnig wichtig es ist, die Anatomie zu beherrschen. Du musst lernen, wo die Nase sitzt, wie groß die Zähne eines Wolfes und wie dünn die Beinchen eines Vogels sind … all so was. Behalt diesen wichtigen Aspekt im Hinterkopf und nutze die Seite hier zum Üben von Körperteilen.

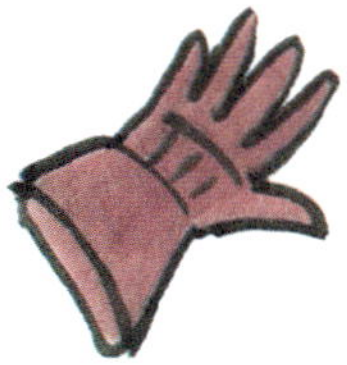
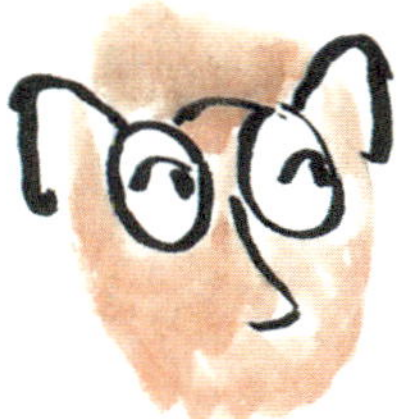
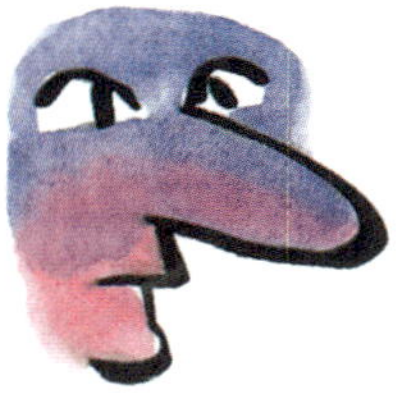
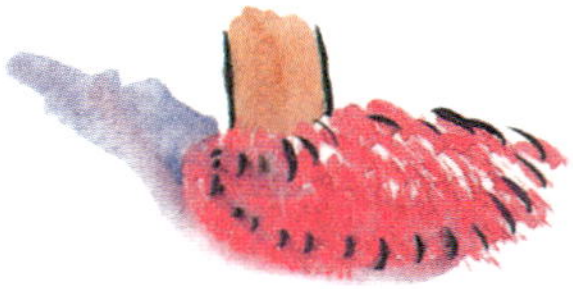
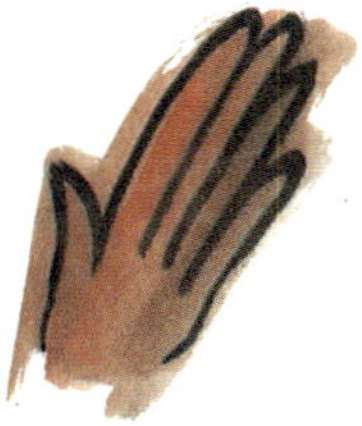
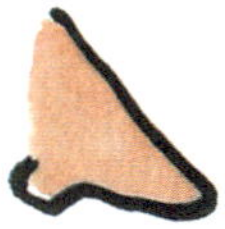
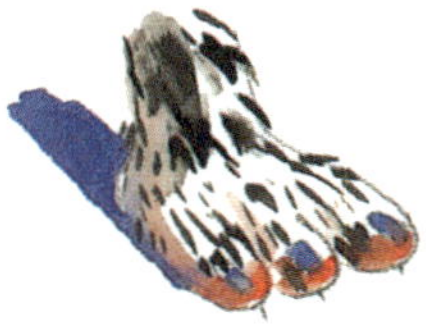
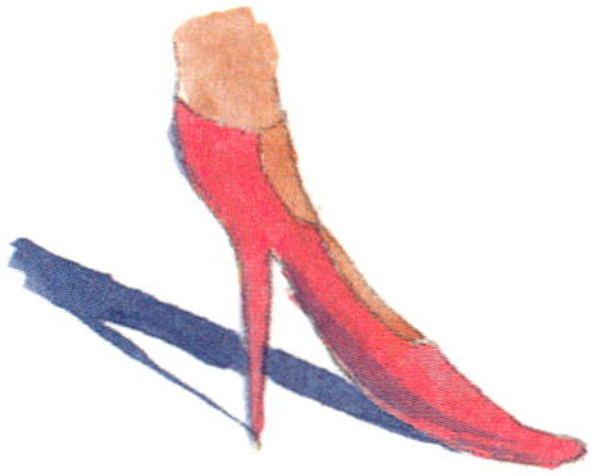
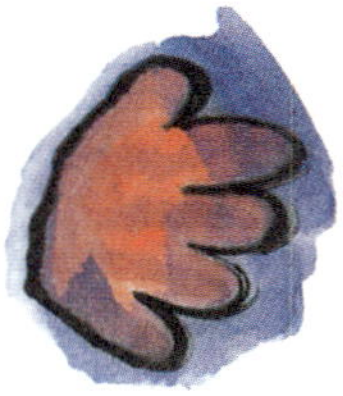
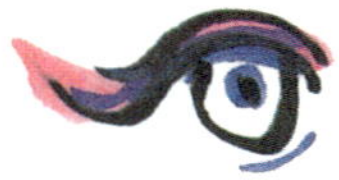

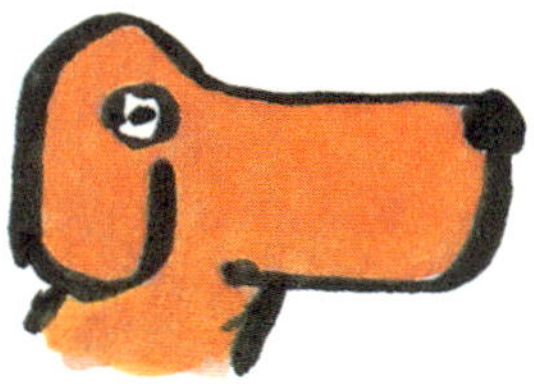
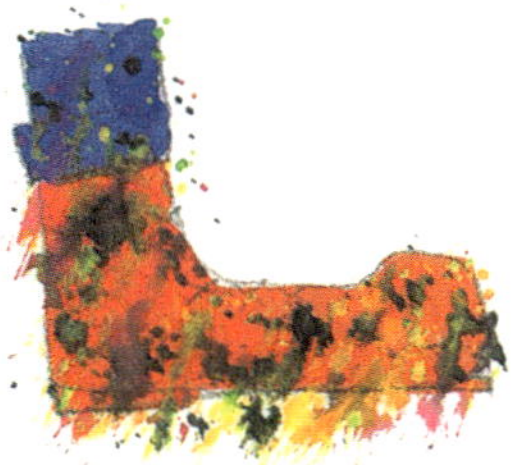
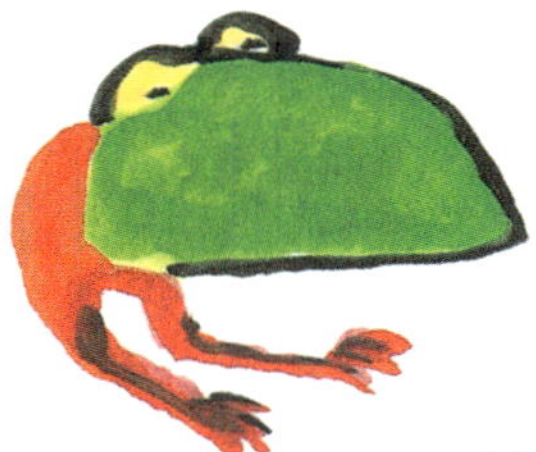

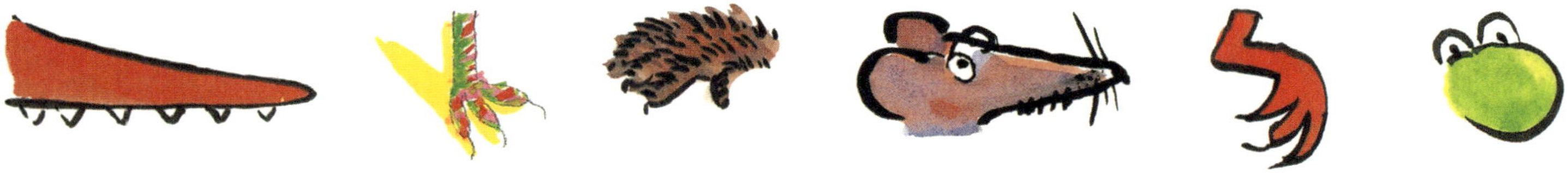

So lösen Profis spezielle Probleme:

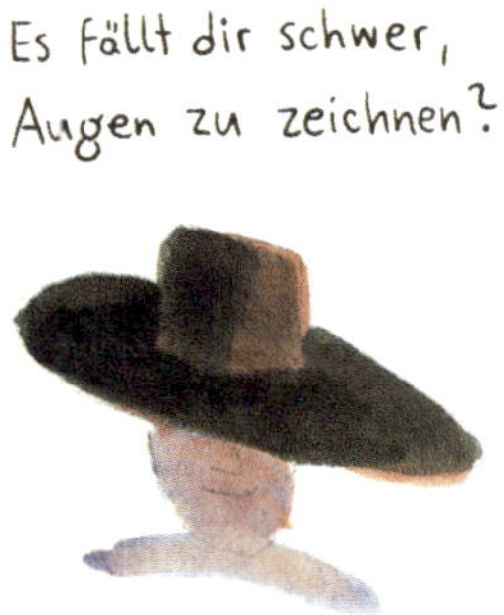

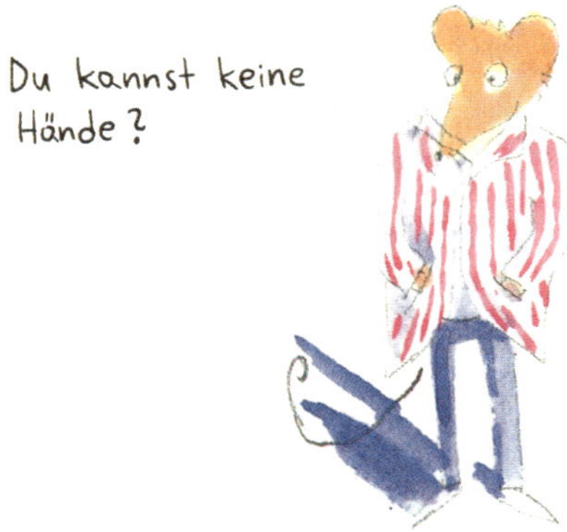

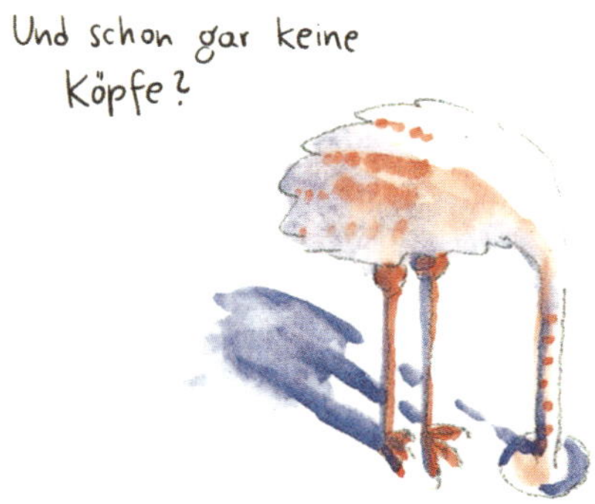

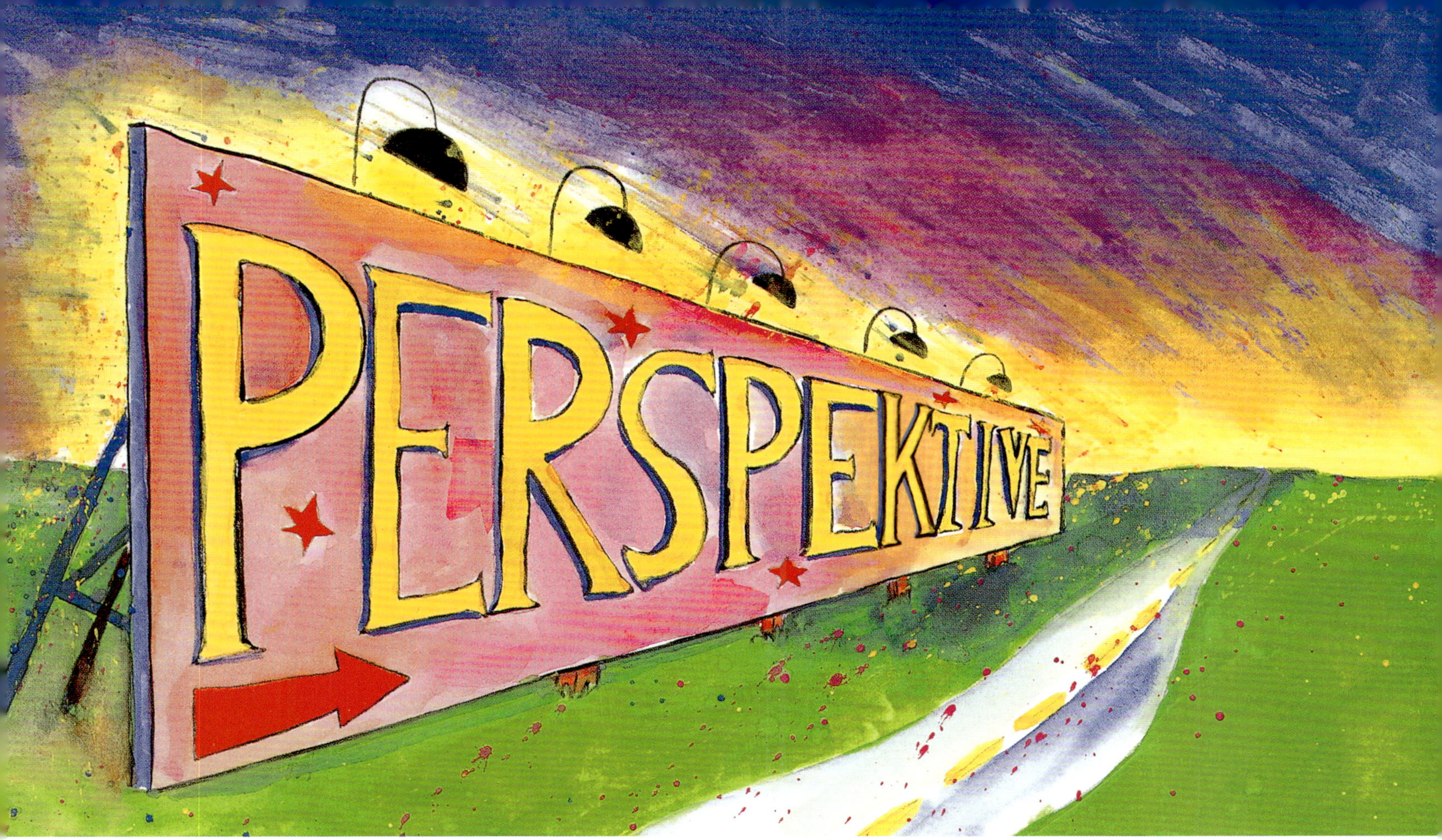

PERSPEKTIVE

Genau wie Licht und Schatten ist auch die Perspektive ein Werkzeug, das du in dein Repertoire aufnehmen kannst. Ob du oft, manchmal oder auch nie damit arbeitest, das hängt allein von deinen Fähigkeiten und Zielen ab.

Vor etwa 500 Jahren haben Maler erstmals Perspektive und Raumillusion eingesetzt bei ihrem Versuch, die reale Welt nachzuahmen. Dabei standen sie folgendem Problem gegenüber: Was die optische Wahrnehmung angeht, ist die reale Welt ein seltsamer Ort. Vielleicht hast du das schon selbst bemerkt. Ein Beispiel: Am Ende der Straße erblickst du einen Menschen, der die Beine bewegt und langsam größer wird. Ist das nicht seltsam? Durchaus, aber dein Gehirn kann es ohne Probleme einordnen: Irgendjemand läuft gerade auf dich zu.

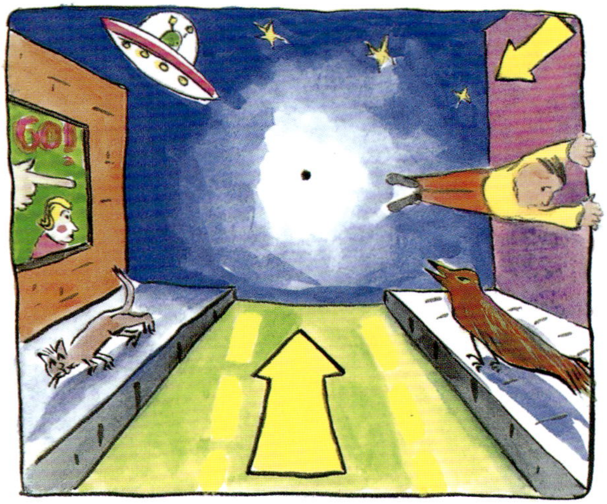

Das schwarze Loch (oder der Fluchtpunkt): Stell dir vor, dass alles auf deinem Bild in ein winziges schwarzes Loch in der Bildmitte gesaugt wird.

Um dieses seltsame Phänomen auf einem flachen Stück Papier nachzuahmen, haben Künstler eine ganze Reihe von Tricks entwickelt, aber der wichtigste von allen ist der hier: Will man den Anschein erwecken, dass etwas weit weg ist, dann macht man es kleiner. Denk diese Regel logisch zu Ende und du wirst erkennen: Sehr weit entfernte Dinge sind so winzig, dass sie völlig verschwinden, genauso, wie sie es in der realen Welt tun. Dieser Moment des Verschwindens wird durch den sogenannten Fluchtpunkt aufs Papier übersetzt. Dabei handelt es sich um einen Punkt, den du tatsächlich auf das Papier bringen kannst (oft wird er sich am Horizont befinden).

Wie man eine Autobahn ins Nichts zeichnet

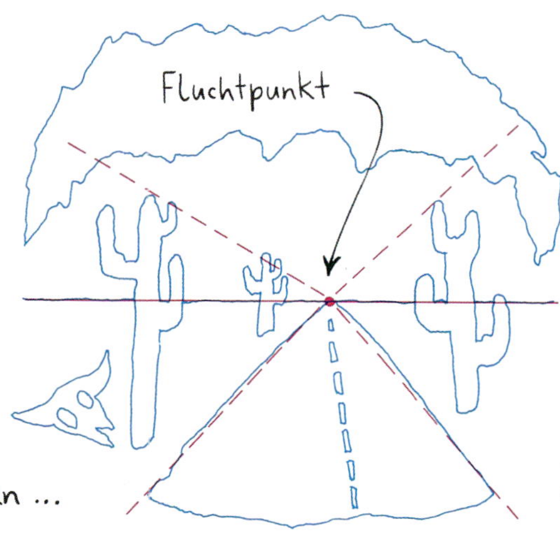

Fang so an …

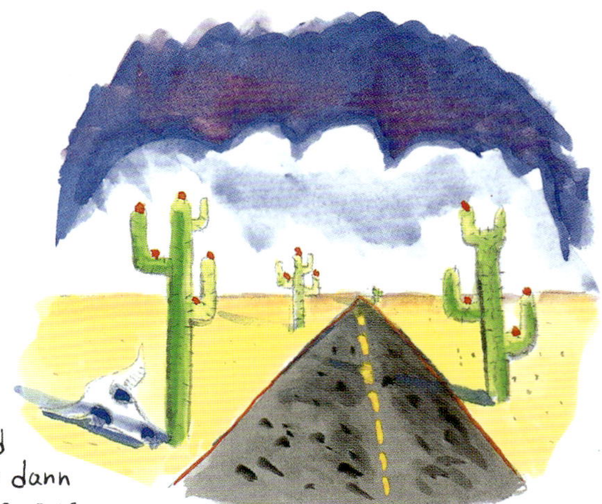

… und male dann alles aus.

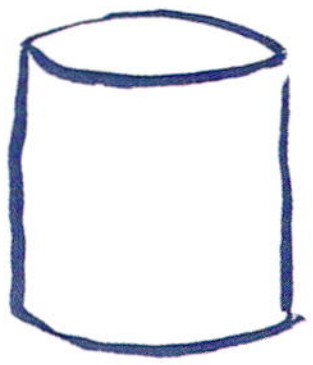

Man nehme etwas ganz Gewöhnliches, zum Beispiel eine Getränkedose.

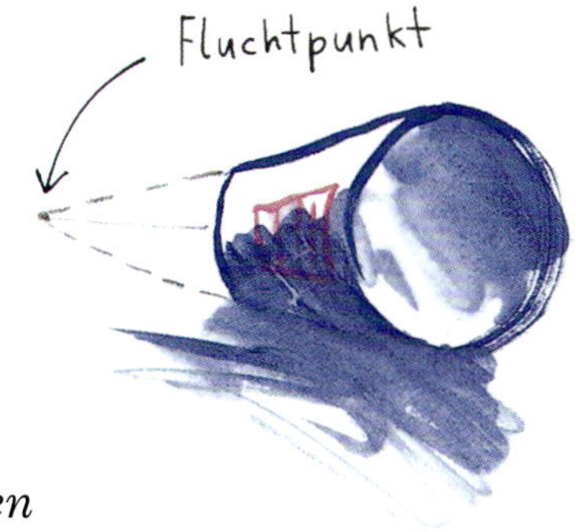

Wenn du sie so hinlegst, sieht es aus, als ob die Unterseite weiter weg wäre als die Oberseite. Warum? Weil sie kleiner gezeichnet ist.

Stell dir vor, du würdest an der Unterseite noch eine Dose anlegen, und an *deren* Unterseite dann noch eine und so weiter und so fort, eine-Million-Dosen-mal, dann würdest du sie so lang immer kleiner zeichnen, bis sie schließlich in der Ferne verschwinden würden – im Fluchtpunkt. Das würde dann so aussehen.

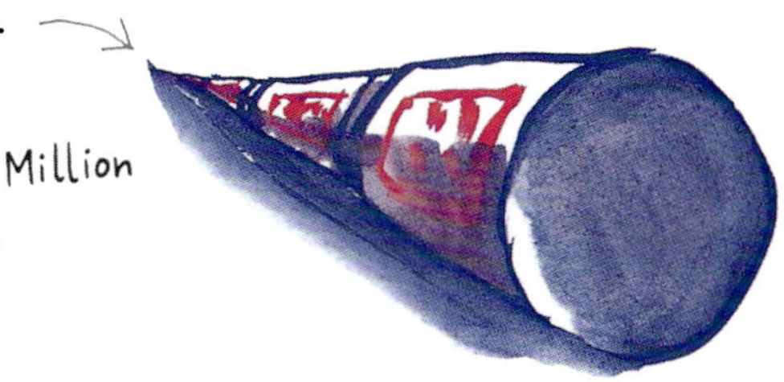

(Vermutlich hast du keine Lust, eine Million Dosen zu zeichnen. Dann kannst du den Fluchtpunkt ebenso präzise finden, indem du die beiden Geraden der ersten Dose verlängerst und dir anschaust, wo sie sich treffen. Das ist der Fluchtpunkt.)

Das hier unten ist die gleiche »Wo-liegt-der-Fluchtpunkt?-Übung«, diesmal mit einem einfachen Haus. Auch hier treffen sich die Linien im Fluchtpunkt, auf exakt die gleiche Art und Weise.

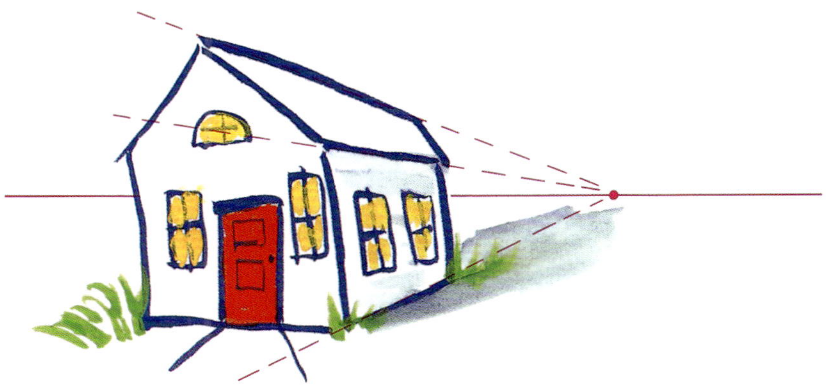

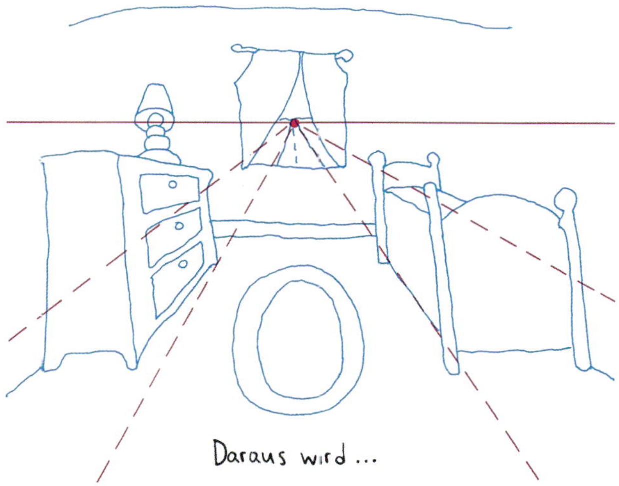

Daraus wird …

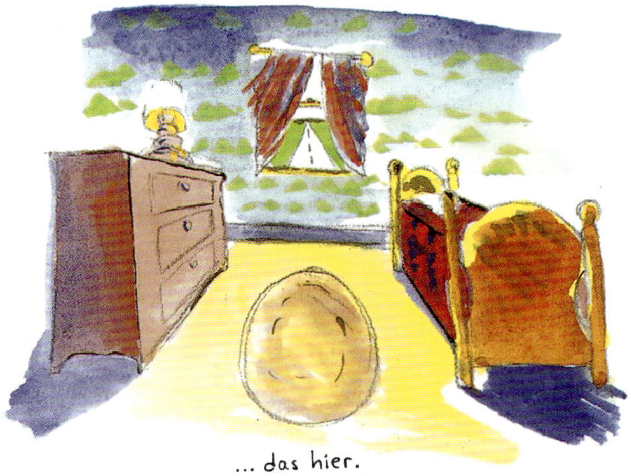

… das hier.

Ganz egal, wie kompliziert ein Bild sein mag, wenn es versucht, die Illusion von räumlicher Tiefe zu erzeugen, kommt der Fluchtpunkt-Trick zum Einsatz. Für jeden Gegenstand, den ein Maler räumlich darstellen will, gibt es einen Fluchtpunkt. Und der Maler wird diesen Punkt immer im Hinterkopf haben, bei jeder Linie. (Viele Künstler verwenden ein Lineal, damit auch wirklich alles genau stimmt.)

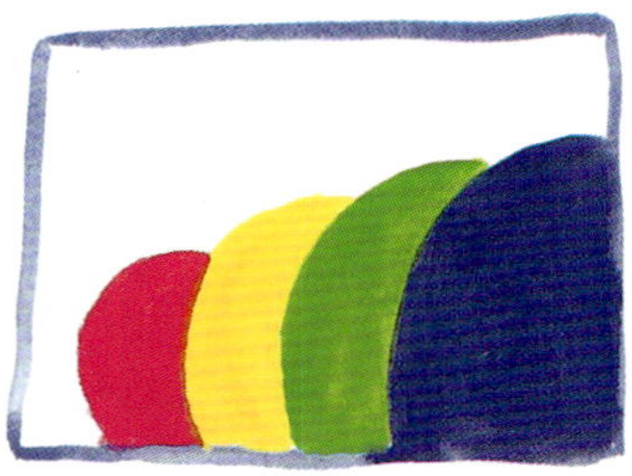

Perspektive bei etwas Abstraktem. So rückst du Dinge in den Hintergrund, ohne etwas Erkennbares zu zeichnen.

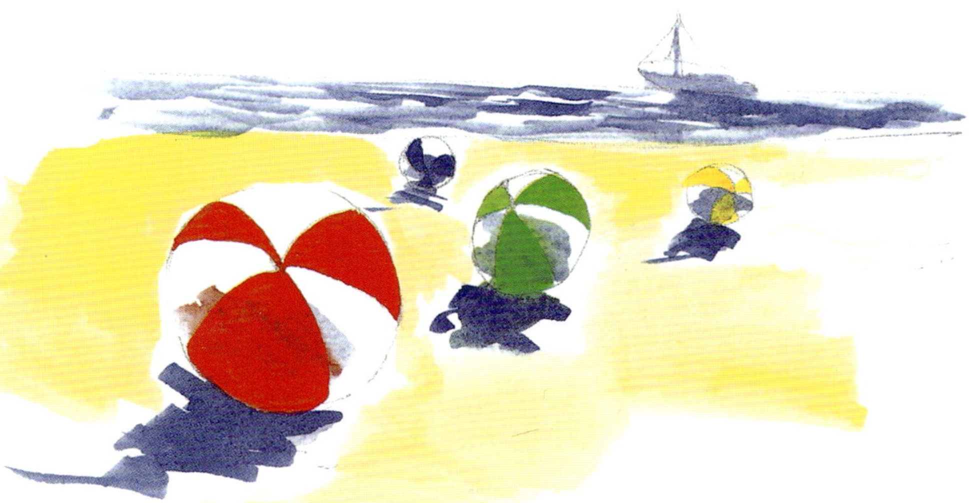

Wasserbälle, Wasserbälle, Wasserbälle, Wasserbälle, Wasserbälle …

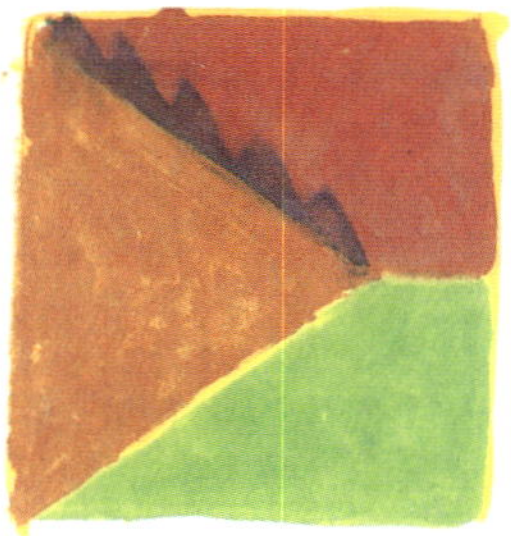

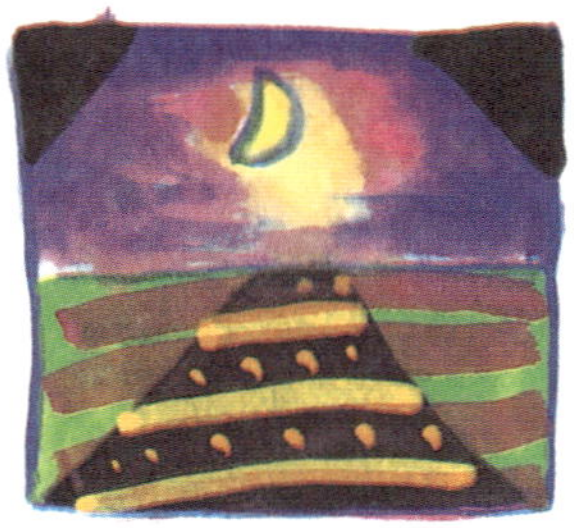

Ausblicke in Sachen Perspektive

In jedem dieser Rahmen sind die Horizontlinie und der Fluchtpunkt schon vorgegeben. Beginne mit deiner Bleistiftskizze und greife dann zu den Farben, um jedes Kästchen mit einer Szene zu füllen, die über eine Perspektive verfügt und auf den Fluchtpunkt zuläuft. (Vorschläge gefällig? Eisenbahntrasse, Pflasterstraße, Stacheldrahtzaun, abstrakte Formen ohne erkennbares Thema.)

Mit der Perspektive spielen

Verwandle dich in eine Maus und laufe in deinem Zimmer umher. Skizziere, wie ein paar einfache Dinge jetzt für dich aussehen: der Bleistift, die Tasse, die Vase, die Tür ... Und jetzt verwandle dich in einen 13-Meter-Riesen und mach das Gleiche noch mal. Male deine Bleistiftskizzen mit Farbe(n) aus.

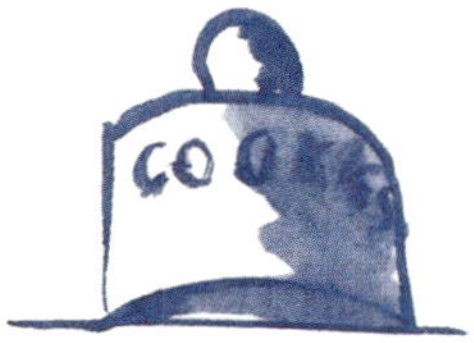

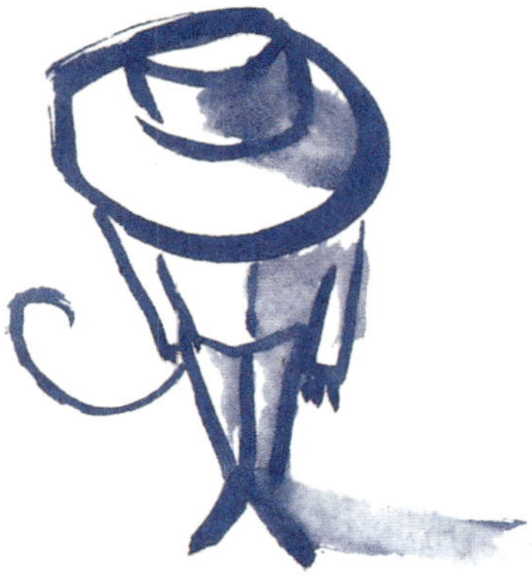

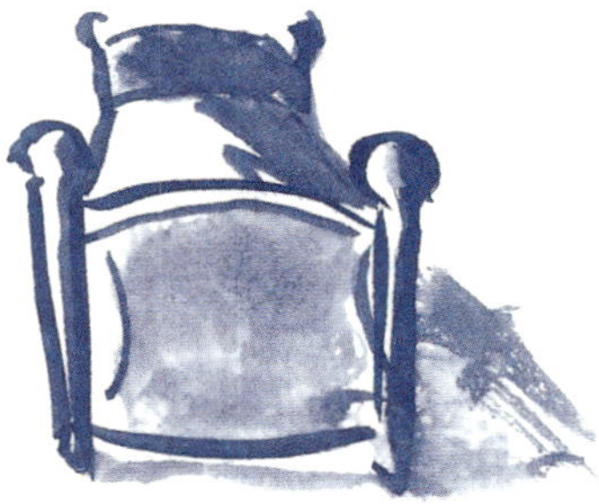

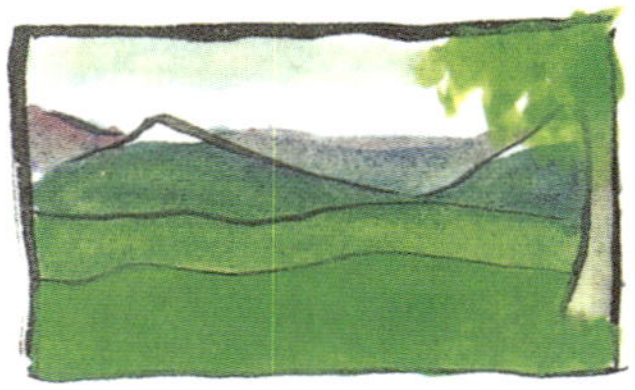

Ein Tipp für Perspektive in Landschaften: Weiter entfernt liegende Dinge sind undeutlicher, verschwommener, heller und blauer.

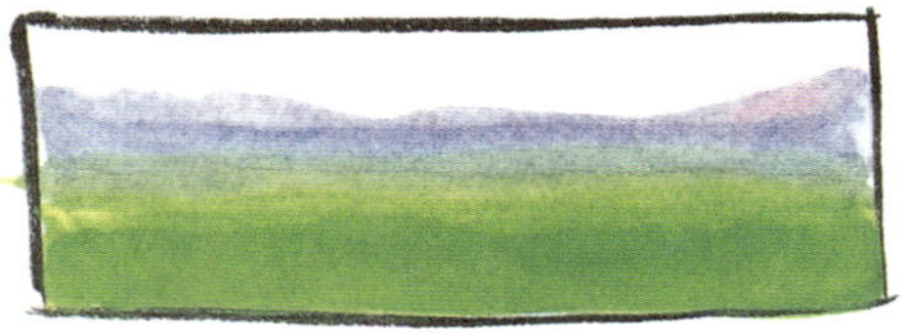

Grüne Wiesen werden in der Ferne bläulich.

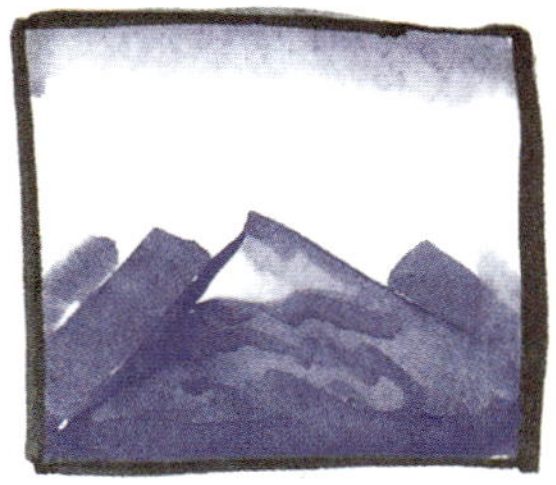

Nahe Dinge wirken massiver, ferne Dinge ätherischer.

Landschaft und Perspektive

Zeichne mit dem Bleistift vier oder fünf Rahmen auf diese Seite und fülle sie mit einfachen Landschaften aus. Schau dir vorher die Beispiele an und die Tricks, mit denen sie arbeiten. Vorschläge gefällig? Ägyptens Pyramiden bei Hochwasser. Vulkaninsel. Im Vorland des Himalaya. Riesige Parklücke. Wildblumenwiese. Golfplatz auf dem Mars ...

Ein Tipp: Gib dem Bild erst dann einen Namen, wenn du damit fertig bist.

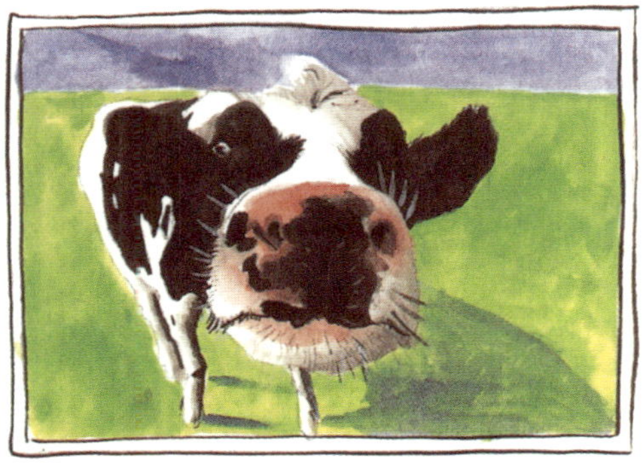

Witzige Perspektiven

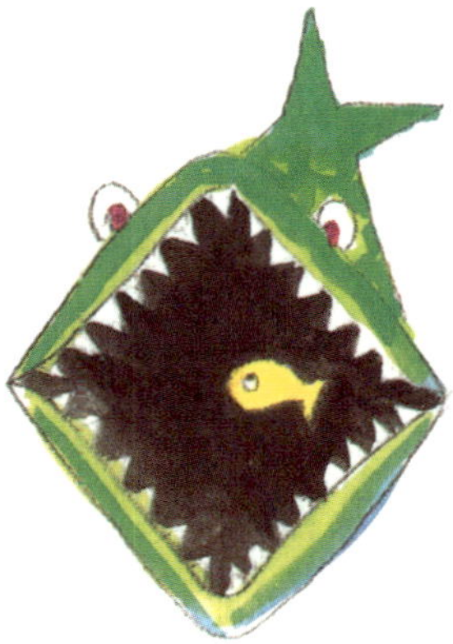

Hansi, der kleine Fisch, wirft einen Blick in seine Zukunft.

EIN STILLLEBEN MALEN

Wenn du dir ein paar Dinge aus der realen Welt aussuchst und sie auf eine Art und Weise arrangierst, die das Auge erfreut – etwa ein paar Früchte, eine Werkzeugsammlung, ein Stapel Bücher, eigentlich so ziemlich alles, was klein ist und sich irgendwie schön anordnen lässt –, dann hast du ein Stillleben geschaffen.

Viele Leute müssen erst eine Weile in sich gehen, bis sie die Schönheit so eines kleinen Stilllebens sehen können. Dabei ist das Spiel von Licht und Schatten auf einer Tischplatte nicht anders als das in den Tiefen des Grand Canyon. Und sind deine Augen erst einmal wieder für Licht, Schatten und Farben empfänglich – und genau das wird passieren, wenn du mit Wasserfarben herumzuspielen beginnst –, entdeckst du plötzlich außergewöhnliche Schönheit an Stellen, die dir früher ganz gewöhnlich vorkamen.

Bei ihren Stillleben mit Wasserfarben bleiben viele Künstler nah an der Realität, doch genauso viele Künstler tun es auch wieder nicht. So kann sich eine Schale mit Früchten unter den Händen mancher Künstler in einen Haufen leuchtender Farbtupfer verwandeln. Das Lustige daran ist, dass so ein Farbtupferhaufen manchmal fruchtiger aussieht als die Früchte selber.

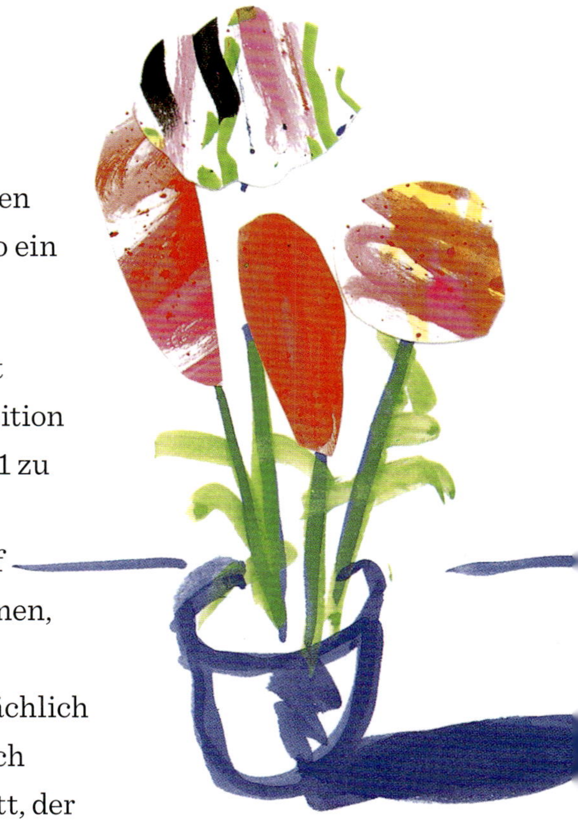

Die Art und Weise, ein Stillleben zu arrangieren und einen Bildausschnitt dafür auszuwählen, wird »Komposition« genannt. Um mehr über Komposition zu erfahren, schneide zuerst die Rahmenseite aus, die im Buch auf Seite 61 zu finden ist, schneide ihre Mitte aus und halte sie dann zwischen dich und die Welt. Konzentriere dich auf kleine Details, zum Beispiel das Chaos auf deinem Schreibtisch. Bewege den Rahmen vor und zurück, wie beim Zoomen, um das Chaos unterschiedlich zu »komponieren«. Du wirst überrascht feststellen, dass es einen bestimmten Bildausschnitt gibt, bei dem es tatsächlich sehr schön aussieht. Wenn du den Rahmen wegnimmst, starrst du plötzlich wieder auf dasselbe alte Schreibtisch-Chaos. Verwende den Bildausschnitt, der dir am besten gefällt, wenn du anfängst, dein Stillleben zu malen.

In vier Schritten zum Stillleben

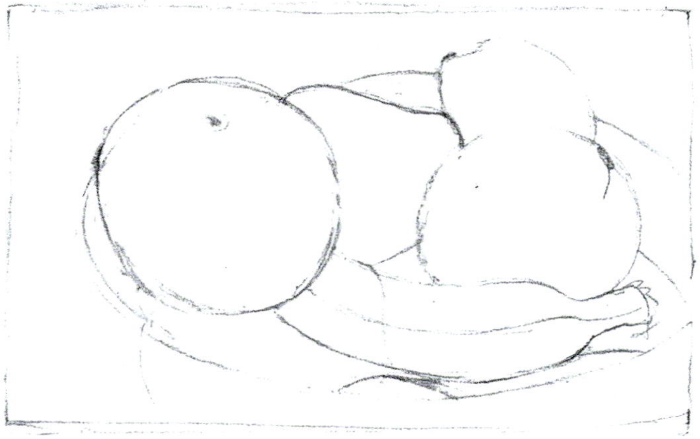

1. Grobe Umrisse mit dem Bleistift zeichnen.

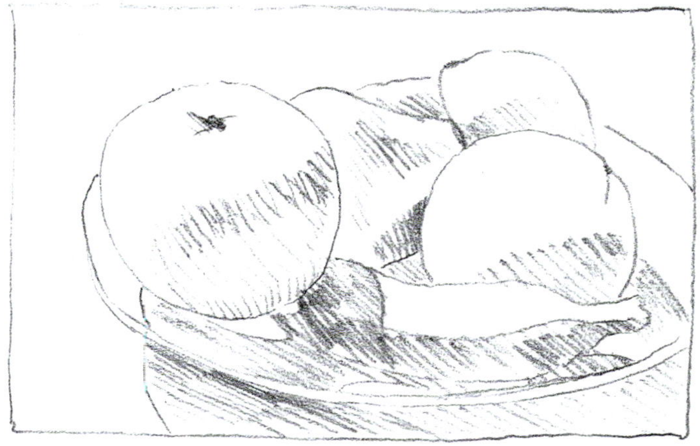

2. Herausfinden, woher das Licht kommt.
Die Schatten mit dem Bleistift schraffieren.

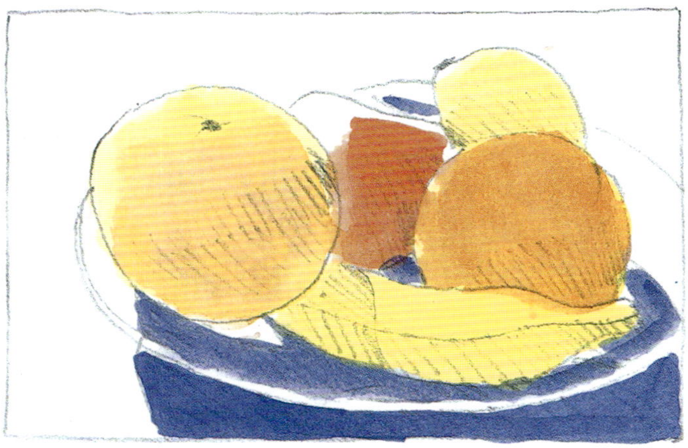

3. Etwas Farbe hinzunehmen und verteilen.
Sehr sparsam damit umgehen.

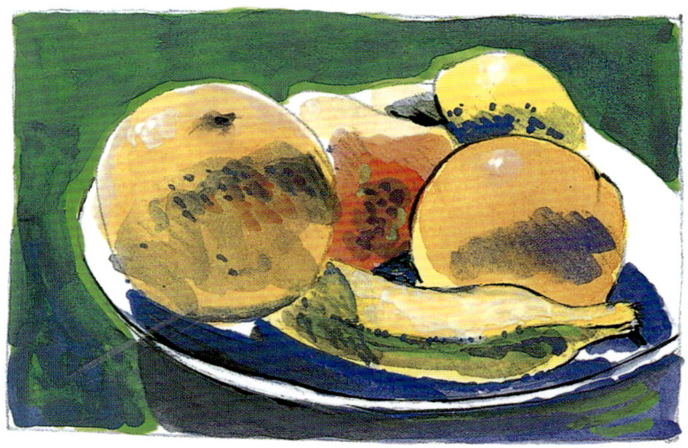

4. Details einarbeiten. Die Schatten vertiefen.
Die Farbschichten einzeln übereinander auftragen.
Aufhören, bevor das Bild ganz fertig ist.
Zu viel Herumdoktern macht viele Bilder kaputt,
das gilt besonders bei Wasserfarben.
Ich habe den Hintergrund dunkel gemacht,
damit die Früchte noch besser zu Geltung kommen.

Hier schneiden.

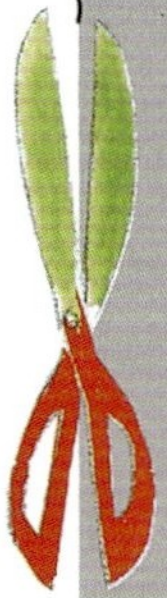

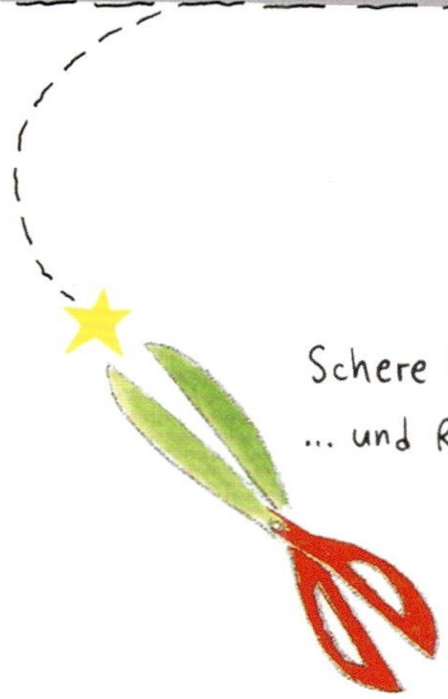

Schere hier einstechen ...

... und Rahmen ausschneiden

Eine Obstschale, sieben Kompositionen

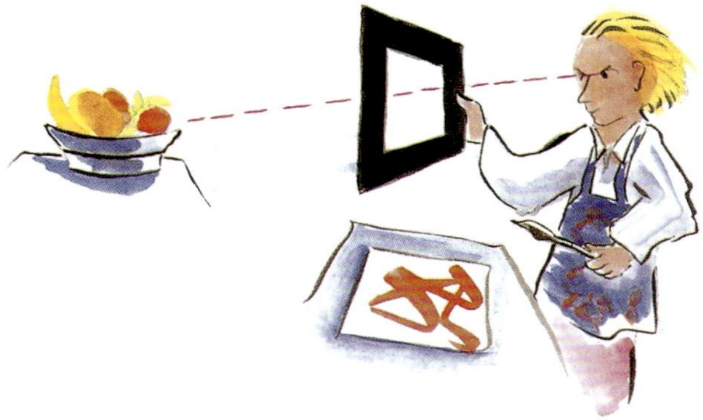

Nahaufnahme

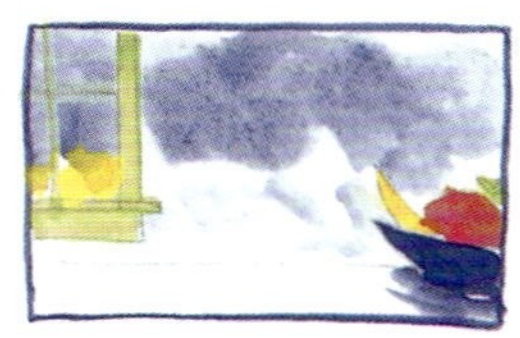

Extrem rechtslastiges Stillleben (das Fenster dient dazu, die Komposition zu harmonisieren)

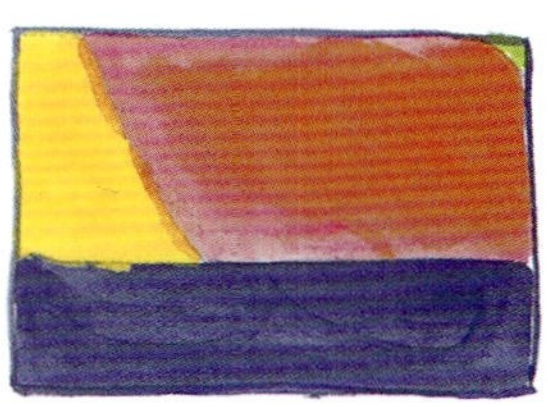

Extreme Nahaufnahme

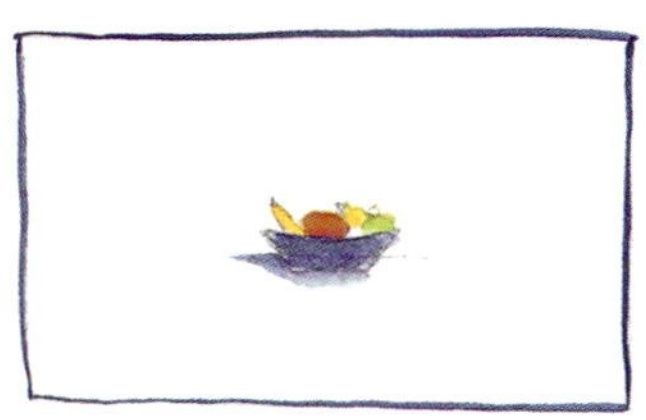

Das einsame Stillleben

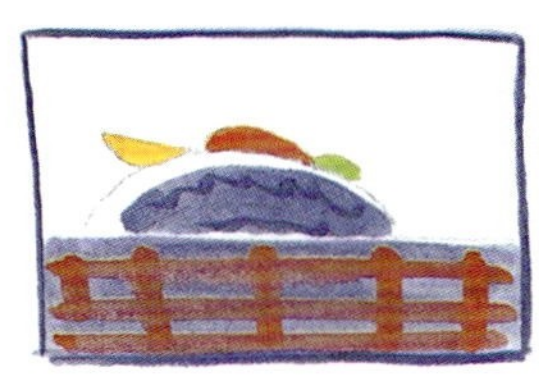

UFO-Stillleben (von unten)

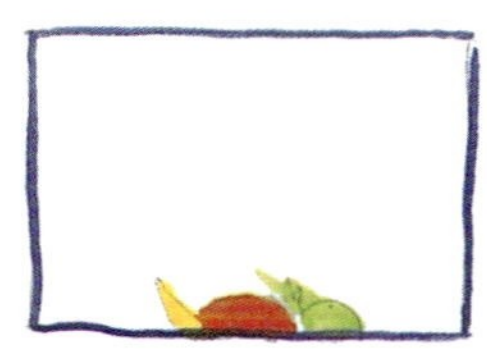

Aus dem Bild gepurzelt.

Du bist dran

Fang einen Teil deiner Welt mithilfe des Rahmens ein, fertige eine grobe Bleistiftskizze davon an und leg los. Mach es dir diesmal leichter, indem du einen ordentlichen Gegenstand mit einfachen Formen wählst.

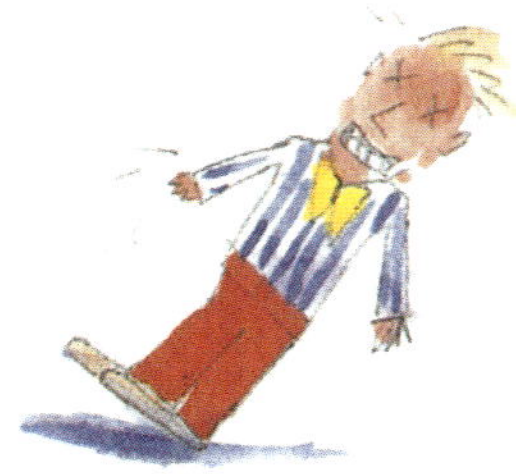

Schau dir das an! Dein Bild hat einem berühmten Kunstkritiker doch glatt die Sprache verschlagen.

Ein einziges Stillleben in vielen Varianten

Leg den Rahmen für ein Stillleben fest und versuch anschließend, es in vier oder fünf Varianten zu malen. Die Beispiele unten zeigen dir ein paar unterschiedliche Vorgehensweisen, es gibt aber Millionen mehr.

Nass auf nass: Zuerst das Papier mit klarem Wasser befeuchten. (Hier habe ich das einzige Mal ohne Bleistiftskizze gearbeitet.)

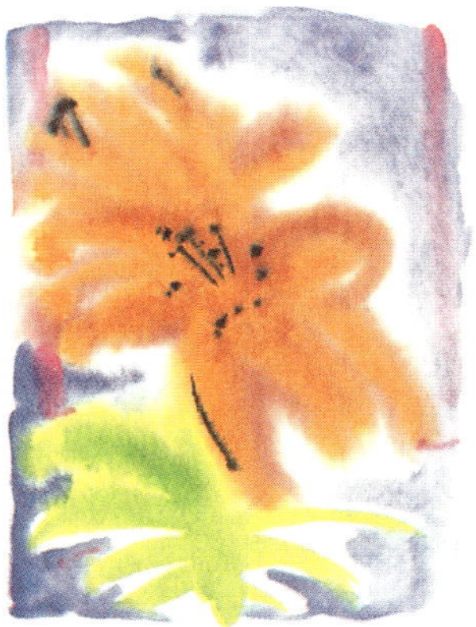

Starke Kontraste: schwarz und weiß

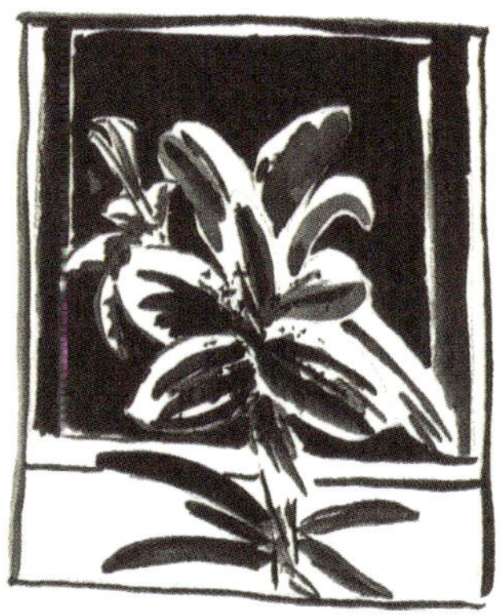

Flächiger Farbauftrag

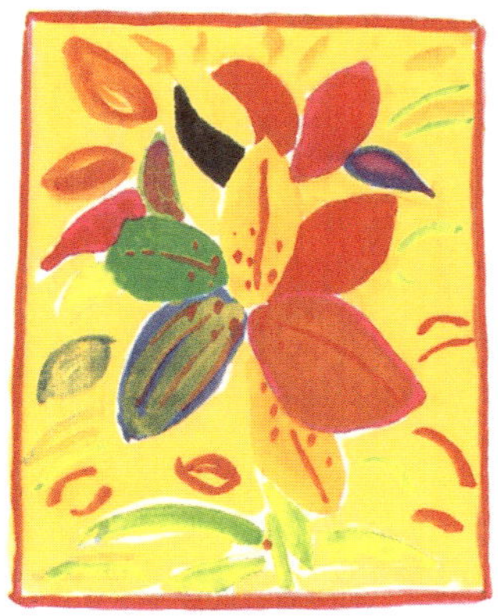

Gepunktet

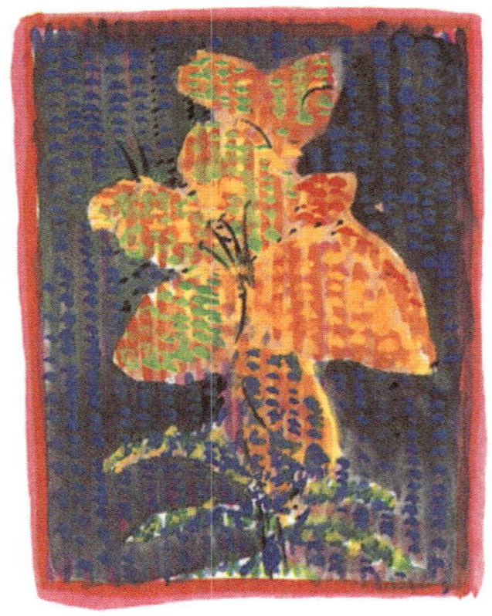

Das Original dieses Stillebens ist dreimal so groß wie abgebildet (genau wie alle anderen hier).

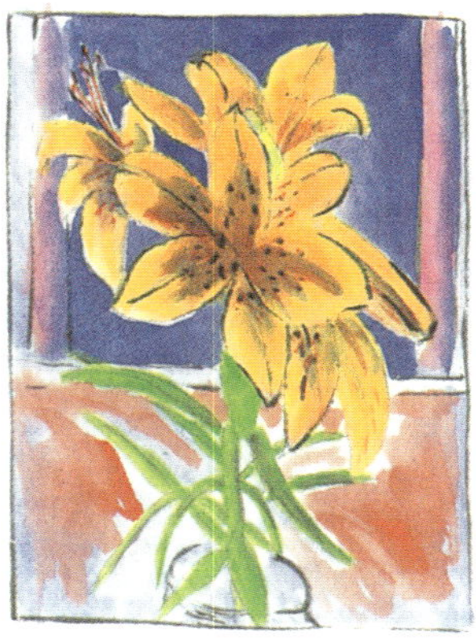

Die Blumen mit dem Bleistift skizzieren. Die Linien sind so fein wie möglich. Dort, wo die Blumen sind, sind die Linien fetter.

Zuerst ein Spritzgemälde …

… und dann Schwarz darüber.

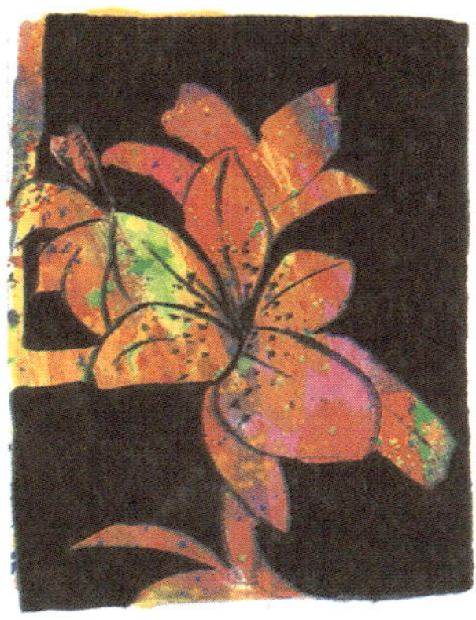

Eine garantiert absolut hundertprozentig total leere Seite

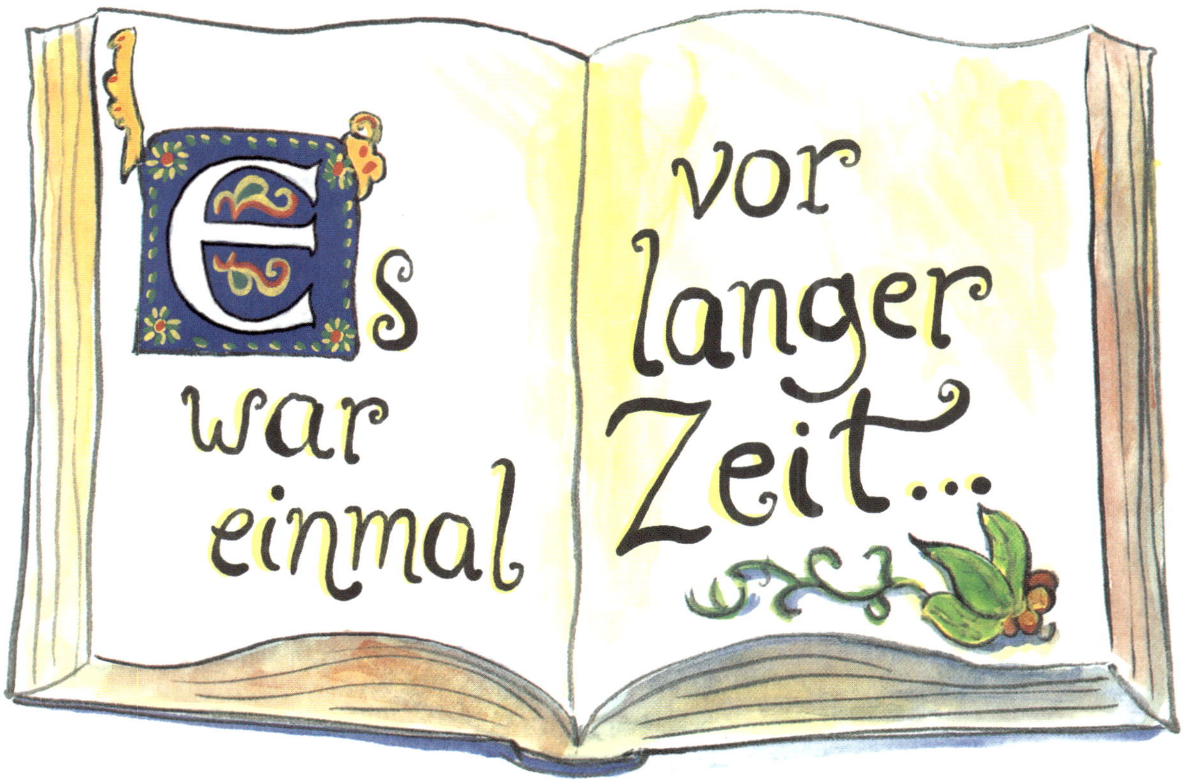

EINE GESCHICHTE ERZÄHLEN

Jetzt ist es so weit: Du kannst deinen Bildern endlich die Chance geben, eine Geschichte zu erzählen. Dir fallen keine Geschichten ein? Wirklich nicht? Wie wär's damit: Erfinde eine Figur. Verleih ihrem Leben und ihrer Situation etwas Farbe. Bring sie in Schwierigkeiten. Und hol sie dann wieder raus.

Es hört sich vielleicht etwas plump an, doch das ist der Stoff, aus dem die meisten Geschichten im Reich der Fiktion sind (von *Romeo und Julia* über den *Räuber Hotzenplotz* bis zu *Coco, der neugierige Affe*, um nur einige zu nennen). Das Entscheidende ist, wie du mit den Details umgehst.

Ein bisschen Planung kann in diesem Fall nicht schaden. Male dir deine Figur, ihre Besonderheiten und ihre Probleme im Kopf aus, bevor du richtig loslegst. Wir haben dir für zwei Geschichten Platz gelassen. Wenn du magst, kannst du dir auch selber ein leeres Buch basteln, wie hier am Rand gezeigt.

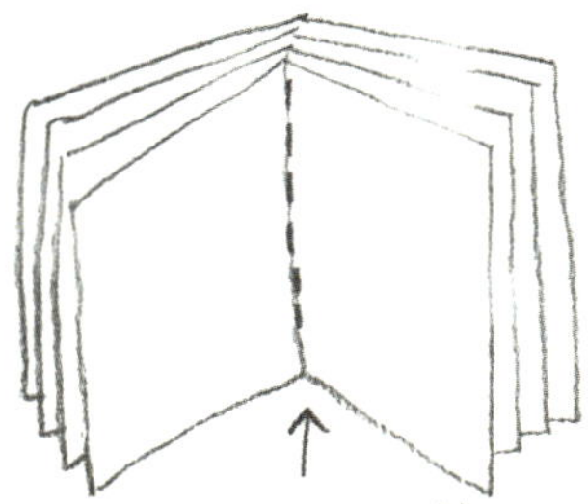

Nimm acht Blatt Papier für ein Buch mit 32 Seiten und falte sie in der Mitte.

Du kannst sie auch zusammennähen, wenn du es richtig schick machen willst.

Titel: Der Farbfleck und der Prinz

Denk dir zuerst
einmal eine Figur aus.
Wie wär's zum Beispiel
mit einem Farbfleck?

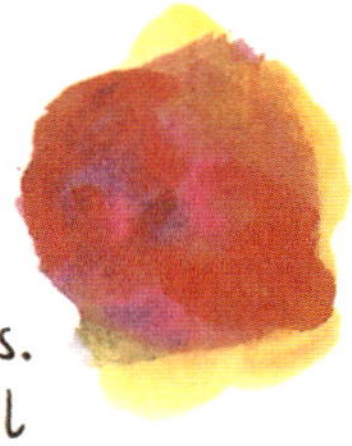

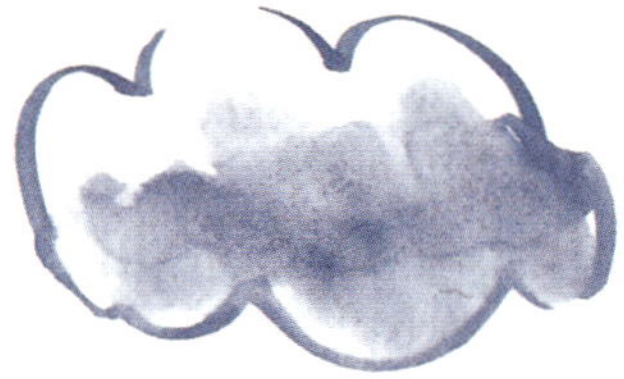

Der Farbfleck wollte gern eine Wolke sein ...

Denk dir jetzt *deine eigene* Figur aus und male sie.

Wer oder was wäre deine Figur gern?

1. Geschichte

2. Geschichte

... oder ein Baum 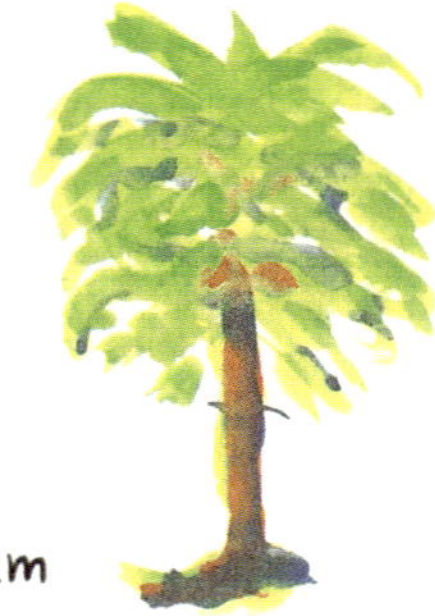

... oder ein Berg. 

Doch er war nichts weiter ...

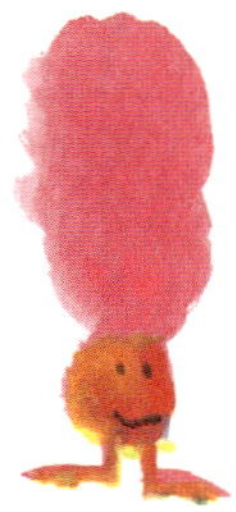

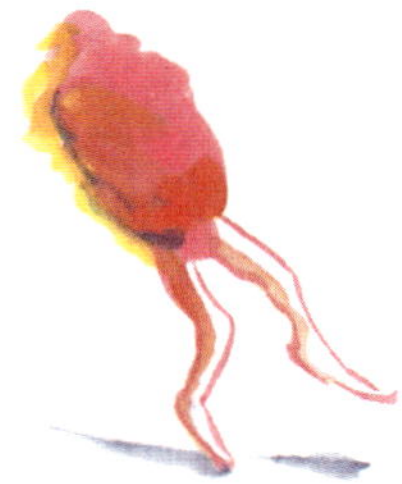

... als ein kleiner Farbfleck. Er versuchte es mit einer neuen Frisur und rasierte sich die Beine. Doch er blieb ...

Was unternimmt deine Figur deshalb?

... ein kleiner Farbfleck.

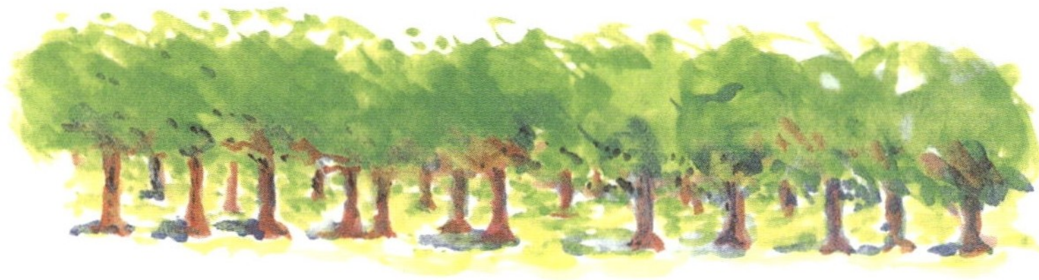

Eines Tages spazierte er tief in den Wald hinein, und dort traf er:

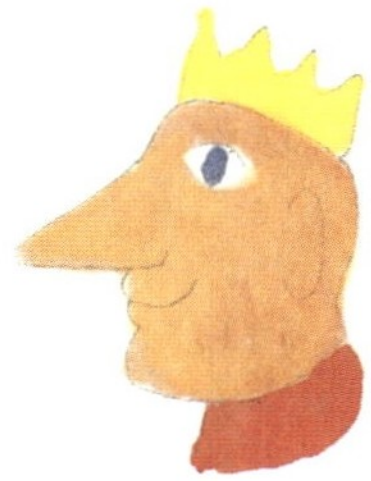

einen stattlichen Prinzen.

Wohin geht sie?

Oho, aha! Und was jetzt?

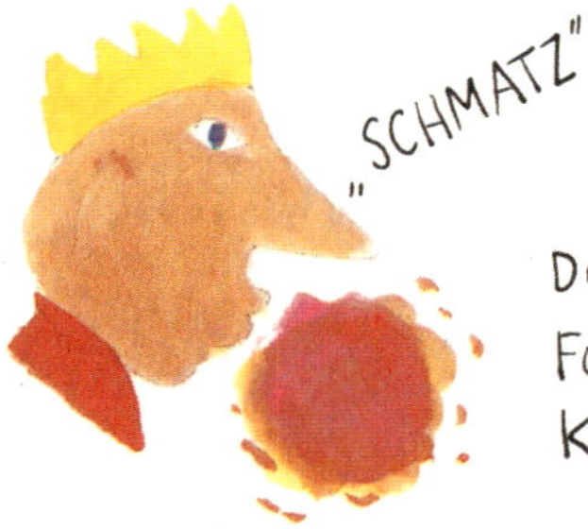

Der Prinz gab dem Farbfleck einen Kuss.

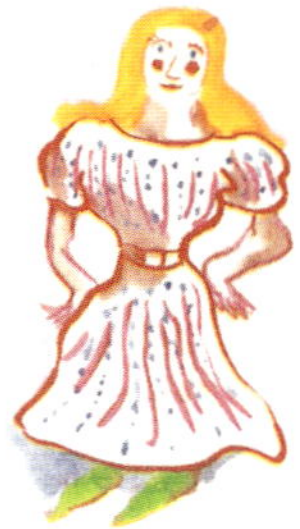

Und da verwandelte sich der kleine Farbfleck in eine umwerfend schöne Prinzessin.

Und sie lebten glücklich und zufrieden bis an ihr Ende.

Oder so.

So ein Glück!

Ende gut, alles gut.